プロインタビュアー
早川洋平

会う力

シンプルにして最強の「アポ」の教科書

新潮社

はじめに

はじめまして。プロインタビュアーの早川洋平と申します。僕の仕事は文字通り「人に会って話を聞く」こと。各界のトップランナーやその道のプロフェッショナル、市井の人々にいたるまで、これまで2000人以上にお話をうかがってきました。企業・公共機関・作家の方などのメディアをプロデュースする会社・キクタスも経営し、様々な方の声を世の中に届けています。

20代の頃の僕は「やりたいことはうっすらとあるものの、どう実現させて良いかわからない」悩める一人の会社員でした。ノルマ制の会社で結果が出せず、クビ寸前のどん底状態。しかも、極度の人見知り。人付き合いは大の苦手で、初対面の人と何を話したらいいのかも、まったくわかりませんでした。

そんな日々を過ごしていたある晴れた5月の朝。僕は始業前に必ず立ち寄るカフェにいました。

このままじゃ死ぬときに絶対後悔する。こんな人生でいいのか——精神的に追い込まれ、全く味のしないラテをすすりながら、無意識のうちに自分に問いかけていました。

Q　死ぬときに後悔しないのは、どんな人生だろう？
A　自分が最も好きなことをライフワークにし、人の役にも立つ人生。
Q　じゃあ何の制約もないとしたら、自分が本当にワクワクすることは？
A　大好きな「インタビュー」「ラジオ」をライフワークにして生きること。

人の話を聞いて刺激を受けることが大好きな僕の頭には、自然とこうした答えが浮かんできました。そこから、各界のトッププランナーやプロフェッショナルの方たちを中心にお話をうかがうインタビュー番組（現『LIFE UPDATE』）を始めたのです。

どん底から奇跡の復活を遂げた経営者、フリーター経験もある作家、20代にして欧州で活躍するアーティスト……僕はまるで映画のような人生を送ってきた方たちに毎週のように「会う」ことで、インスピレーションとモチベーションをいただき続けていました。

なぜ起業したのですか？
大失敗をしたとき、どのように乗り越えましたか？
人生でいちばん大切にしていることはなんですか？
「好き」を仕事にするためにはどうすればいいですか？
「人生を変えた1冊」は何ですか？

こうした僕の質問に対して、彼らが語ってくれるひとつひとつの答えは、どれも魂に響くものばかり。そんな日々を送っていると、不思議なことに「自分も『好き』を仕事にして生きることができるのでは」という思いがよぎってきます。さまざまな方に会い続け、この番組をじっくりと育てていけば、インタビューのお相手や世の中に役立ちながら、最高にエキサイティングな人生を送れるかもしれない――。

こうして僕は会社員を辞め、起業しました。怖くなかったといえば嘘になりますが、それよりも希望と期待の方がずっと大きかったです。

あれから16年——実績ゼロ、知名度ゼロの状態から遮二無二走り続けてきただけの僕が今こうしてプロのインタビュアーを続けていられるのは、「会う力」を磨き続けてきたからだと感じています。

誰かに会うだけで人生が変わるなら苦労はしない——そんな声も聞こえてきそうですが、僕が実践したことは主体的に「会いたい人に会いにいく」ことです。漫然と誰かに会うことではありません。

人と会うことを通して得られる知見や情報、そして関係性は世界にただひとつ、自分だけのオリジナルなものです。その蓄積は、あなたの人生の羅針盤となり、難局での救命ボートとなってくれるはず。

そしてもうひとつ。忘れてはならない価値があります。

それは、会いたい人に会いにいくと、自分の中に「今と未来を生きるエネルギー」が湧き出してくるということです。

僕自身、心のバランスを崩したり、結婚生活のピンチ、近親者の死、会社経営に伴う人間関係やお金の悩みに直面したりしても、何とかやってこられたのは、自ら会いにいくことでご縁をいただいた多くの方々から、励まし、勇気、癒やし、安らぎといった「今と未来を生きるエネルギー」をいただいてきたからにほかなりません。

「会いたい人に、これから話を聞けるんだ!」という気持ちでお相手にお目にかかると、先方から「あなたから元気をもらえた」と言われることも数多くあります。なにしろ自ら先にポジティブなエネルギーを発して、「前のめり」な姿勢でお目にかかる当日を迎えているのですからそれが伝わるのかもしれません。

そう考えると、「会いにいく」ということは、ポジティブなエネルギーを循環させる双方向性を持っているのではないかと思うのです。今と未来を生きる希望に満ちあふれた毎日を送り続けること。そうした時間を、誰かと共有すること。これ以上に大切なことがいったいどれだけあるでしょうか。

そんな体験をあなたにもしていただきたい。そう強く願っています。

本書はかつての僕のように人付き合いが苦手な方でも、会いたい人に会い、実りのある関係性を築いていけるように、これまでの経験をフル活用して、ゼロからスタートできるよう、やるべきことを時系列順に紹介しています。

- 会うことの効力
- 会う前に何をするか
- 会った時に何をするか
- 会った後に何をするか／何が起きるか

まずは「会うことの効力」について。

オンラインツールがこれだけ普及し、どこでも誰とでもつながれる今、なぜ時間と労力をかけてわざわざ会いに行く必要があるのか。なぜ会うことに人生を変えるほどのインパクトがあるのか。詳しくお伝えします。ここで、一緒に会うためのマインドセットをしましょう。

続いては「会う前に何をするか」。あなたが会いたい方にお目にかかるためにすべきことを「リサーチ」「アポ取り」「段取り」の3ステップに分けてお伝えします。そして「会った時に何をするか」。当日の場をいかにお相手と自分にとって価値あるものにするか。肝となる「質問」と「現場での心がけ」について書きました。最後は「会った後に何をするか／何が起きるか」。せっかくの出会いを一度きりで終わらせないために、「出会った方といかに縁を深めるか」にフォーカスします。

続く最終章では「会うことを続けていくとあなた自身に何が起きるか」を知ってもらいたいと考えています。

これらのステップは、自らをアップデートするためのみならず、商談や知人・家族との集まりや初対面の人ばかりのパーティなど、「人と会う」時全般に役立ちます。なぜなら、「会うこと」は、一緒にいる時間を気持ちよく過ごしてもらうために何をすべきか、を考えることでもあるからです。

「会う力」を身につければ、あなたも自分らしい人生を切り拓くことができます。
本書がその一助になれたら幸いです。

会う力　目次

第2章　アポ取りのチャンスはどこにでもある

第3章 「段取り」がスムーズな対話への入り口

第2部　当日編

第4章　質問がお互いにとってよい時間をつくる

第5章　会っている時間をワンランク上の体験にするには

第3部 会った後編

第6章 会った「後」こそ大切にする

第7章　会うと、あなたに起きること

会う力　シンプルにして最強の「アポ」の教科書

装画　加納徳博

序章

会うことの効力

人付き合いが苦手でも大丈夫

手紙、メール、電話、ビデオ電話……僕たちは様々なコミュニケーション手段を持っています。パンデミックを経てこの「会わない」コミュニケーションがさらに普及したことは、人付き合いが苦手で出不精な僕自身にとっても、基本的にありがたいものでした。ですが一方で、1対1で直に会うことでしか得られないものがあることも、この仕事を続ける中で数多く実感してきました。

それは、相手が学生時代の友人でも著名人でも変わりませんでした。会う前はいつも緊張するけれど、会った後に後悔したことは一度もありません。かけたエネルギーや時間を補って余りあるほどの充足感があったから、僕は今日も誰かに会い続けているのです。

そもそもなぜ僕はインタビュアーを職業にしてまで、来る日も来る日も誰かに会い続けているのか――答えはシンプルです。この人に会おうと思い定めて「主体的に会いに行く」ことには、他の手段では得られない価値があったからです。

では、会いに行くことの具体的な価値とは何でしょうか。僕はふたつあると考えます。

会いに行くことの価値①相手を総合的に知ることができる

何かのツールを使ったコミュニケーションには「箱」という制約があります。僕が考える箱とは、次の【A】【B】ふたつを指します。

【A】媒体という箱

手紙は紙、電話は電話機、メールやビデオ電話はスマホ・タブレット・パソコンなど、何らかの媒体を通じてコミュニケーションを図ります。

それゆえ、媒体という「箱」の外にいる相手に物理的に触れることはできません。手紙やメールなら文字のみ、電話は声だけのやりとりです。ビデオ電話なら相手の顔を見ることも、声を聴くこともできますが、モニタという箱が映し出した範囲の相手しかうかがい知ることができません。

しかし、会うことは違います。今日はどんな靴を履いているのか。どんな時計を身につけているのか。紙や電話機、モニタからもれてしまった相手の嗜好が垣間見えてきます。オンラインのやりとりでは共通点なんてひとつもなさそうだったのに、実際に会うと自分と同じ筆記具を愛用していることが判明し、一気に打ち解けてしまった――似たような経験があなたにもあるのではないでしょうか。

相手の状態も見えてきます。メールだけでやりとりをしていたクライアントの女性に初めて会った時のこと。笑顔で出迎えてくれた彼女は、ほんの少し左足を引きずっていました。心配そうな僕の表情に気付いたのでしょう。彼女は「実は昨日、登山を頑張りすぎて……」と苦笑いしながら話してくれました。

プライベートだって見えてきます。取引先の男性が打ち合わせ時に何気なく机に置いたスマートフォン。たまたま目に入った待受画面に映ったのは、奥様と二人のお子様との写真。思わずほっこりしたことを思い出します。

こちらから何ひとつ聞かなくとも、相手の嗜好や状態、ときに家族構成まで知ることができる。しかも、今この瞬間の相手を知ることができる。これが会うことの強みだと僕は思います。

【B】用件という箱

一般的に手紙やメールには、要点を簡潔にまとめることが求められます。電話やビデオ電話も用事があるからかけるのが普通ですよね。それなら会うことも同じでは？　と思う方もいるでしょう。用件があるという点では確かに同じです。しかし会うことが他とは異なるのは、用件という「箱」の外にいる相手にも触れやすい点にあります。

ミーティング前のちょっとした雑談や近況報告のひととき。そこには互いの素顔を垣間見るチャンスが少なからずあります。物理的には、ビデオ電話でも用件と関係のない会話は可能です。しかし実際は何ともやりづらいものです。複数の参加者がいる場合は、いつ自分たち以外の参加者が入ってくるか分かりません。一旦誰かが入ってきたら、特定の相手とだけおしゃべりを交わすのはZoomのブレイクアウトルームでも使わない限り困難です。

また、多くの人がZoom慣れしている昨今、リモート会議の場合はオンタイムに入室、終了後即退出ということも珍しくありません。そこにムダ話をする余白や雰囲気はほとんどないのが実情だと僕は感じています。

その点、対面の会議であれば用件終了後もその場でちょっと立ち話ということもありますよね。そこまでの時間がなかったとしても、廊下を歩きながら、もしくはその後に居合わせた休憩所で……。そこには会議では聞けなかった相手の本音やリラックスした姿を垣間見る機会が数多くあるのではないでしょうか。このように、用件前後の相手とも途切れることなくコミュニケーションが図りやすいのも、会うことの強みです。

僕の経験を振り返っても、一番面白い話題が出てくるのはインタビュー後の会話だったということも珍しくありません。「さっきの話、実は続きがあってね」と何度、お相手から話をさらにうかがったことか……いちインタビュアーとしては何とも悔しい限りですが、用件という箱がいかに人を構えさせているかの表れだと感じます。

もし実際に会ってのインタビューでなかったら、こうした体験を得るのは容易ではありません。リモート取材ではよほど先方が話好きでない限り即解散がほとんど。後からメールでわざわざ裏話を明かしてもらえることはまずありません。

いっぽうで対面取材の場合、終了後に食事に誘っていただき、そこからプライベートでの交流が始まったことも一度や二度ではありません。お互いがその場に居合わせていたからこそ生まれた体験です。

媒体という箱。用件という箱。会うことはふたつの箱から出て互いの素に触れられる「飾らないコミュニケーション」だと僕は考えます。それゆえ、どんなにオンラインコミュニケーションが発達しても、進学・就職の最終面接や婚活パーティなどは、今も対面でなされることが多いのではないでしょうか。

僕自身、日本各地からサポートしてくれる在宅スタッフ、海外在住のクライアントなど今日まで長きにわたり関係が続いているのは、例外なくリアルで会ったことがある人たちばかりです。もちろん物理的に頻繁に会うことはできません。ですが、面談、アイデア出し、悩み相談、謝罪、ねぎらいなどここ一番で密度の高いコミュニケーションを図りたいときは、彼らと実際に会ってざっくばらんに対話することをこの5～6年、特に重視してきました。

なぜなら以前、会うことをないがしろにしたことでスタッフやクライアントを失う苦い経験をしたからです。オンラインコミュニケーションの利便性に溺れ、相手が「今」何を考えているのか、悩んでいるのか、メールやチャットでは言葉にしない言葉を汲み取ることを怠ってしまったのです。

会わないコミュニケーションだけでもこうした火種に気付き、対処できる人もいるかもしれません。でも僕はそうではありませんでした。いや、薄々は感づいていたのかもしれません。けれど、会うことで気まずくなったり、最悪の場合、関係が終わってしまったりすることを恐れてしまいました。そうこうしているうちに火が大きくなり、現場に駆けつけたときには手遅れだった——という経験を幾度も重ねてきたわけです。それゆえ僕は時間や費用がかかっても、たとえ年1回でも、リアルで会いに行くことを欠かさないようにしています。

会いに行くことの価値②「人生の教科書」をつくることができる

さらに話を進めましょう。

もし、あなたがChatGPTのことを学びたいと思ったらどんな手段をとるでしょうか。

多くの人はまずインターネットで検索すると思います。次に専門書でしょうか。しかし、それでも理解できないことは思いのほかあるものです。そんなとき、僕なら迷わず身の周りで最もChatGPTについて詳しそうな人に1対1でお目にかかり、お話をうかがうことを考えます。

なぜなら、理解できなかったことやわき出た疑問などをピンポイントで聞けるからです。言語化しづらいニュアンスも対面なら伝えやすく、汲んでもらえる可能性も高まります。

しかも問答は一度限りではなく、時間が許す限り何往復でもできます。お相手の答えからさらに生じた質問をし、答えをもらう。そのなかで自分が何が分からなかったのか理解できるかもしれませんし、最初に読んだ本はレベルが高すぎただけだと気付くこともあるでしょう。思いがけず、あなたにマッチした本を教えてもらえるかもしれません。

また、対話は双方向が基本です。質問するだけでなく、質問されることもあるはずです。それゆえ、自分の考えや意見を述べる場面もきっと出てくるでしょう。

単に情報をインプットするだけでなくアウトプットも伴えば、テーマについての理解が深まるのは当然の帰結とも言えます。相手と会った後、テーマをさらに深めたいと思ったとき、どんなアクションをどんな順番でとったらいいか、明確になりやすいのも会うことの価値だと僕は思います。

会うことを通して得られた知見や情報は世界にただひとつ、あなただけのオリジナルです。それはいわば自分仕様の「人生の教科書」をつくり、更新していくことに他なりません。

ビデオ電話でも「教科書づくり」は可能では？　と考える方もいるかもしれません。ですが、会うことが持つリアルタイム性（＝スピード感）を忘れてはならないと僕は思っています。

ビデオ電話は確かに便利です。ですが、これだけ通信環境が発達した現在でも通話にタイムラグが生じることは珍しくありません。それはほんのコンマ数秒かもしれません。しかしその度に会話がずれたり、通信環境を気にしたりしなければならないのは非常にストレスがたまるものです。そもそも自分かお相手のいずれかがデバイスの使い方やインターネットにうといい場合、接続すらままなりません。接続や回線不調時の復旧に苦労する人もそれなりにいるのではないでしょうか。こうした体験をする度に、僕は身ひとつでコミュニケーションが成立する「会うことの価値」を再認識します。

対話で人生をアップデートする

短期的に見れば誰かに会いに行くことのハードルは高いものです。移動にかかる時間と出費は削れませんし、何よりお相手の貴重な時間をいただくためには「この人なら会ってもいいか」と思ってもらう理由が必要です。そのために、あれこれ頭を悩ませなければならないこともあります。まだ関係性がないお相手ならなおのことです。一見すると時間対効果（タイムパフォーマンス／以下タイパ）が悪いと言われても無理もないのかもしれません。

しかし、中長期的に考えてみましょう。人生のときどきにおいて「関係を始めたい」「深めたい」「持続させたい」「改善したい」と思っている誰かと出会ったとき。あるいは「解決したい」「深めたい」「力を付けたい」何かに出合ったとき。直に会って対話することほどタイパが良いコミュニケーションを僕は他に知りません。ここぞというタイミングでこれぞという人に会いに行き、自らをアップデートしていく――それは人生の舵を自分で取れる人間になっていくことに他なりません。それゆえ、僕は今も人付き合いが苦手なのに、どんな世界の果てにいる相手でも、誰もが知るような著名人であっても、文字通り飛んで会いに行ってしまうのです。

こういう話をすると、「私は著名人に会うことまでは考えていません」と言われることが少なからずあります。ですが、僕は著名人に会うことをすすめているわけではありません。「人生の教科書」をアップデートする過程で、僕の中の「会いたい人リスト」に結果として著名な方の名前が挙がり、お目にかかる機会をいただいている――ただ、それだけです。

それよりもお伝えしたいのは、会いたいお相手が著名人であろうとそうでなかろうと「人生の教科書」をアップデートする過程そのものがめちゃくちゃ楽しいということです。

人生を舞台にしたアドベンチャーゲームの主役となり、これぞと定めた人に会いに行く旅と言い換えてもよいかもしれません。道中の様々な経験や、会うことができたお相手との対話を通して、自らに必要な能力値がアップしていく実感が常にある——だから、やみつきになってしまうんですね。

すべては1枚の「会いたい人リスト」から

では、このアドベンチャーゲームに参加するためには何が必要でしょうか。それはたったひとつ、「会いたい人リスト」です。まずは紙とペンを持ってあなたが最もリラックスできる場所へ。できれば好きな音楽と飲み物も持ち込みましょう。

環境が整ったら、次の2点を念頭に会いたい人を書き出してみてください。

①関係を「始めたい」「深めたい」「持続させたい」「改善したい」誰か
②「解決したい」「深めたい」「力を付けたい」テーマに詳しそうな誰か

ジャンル、人数に一切の制限はありません。加筆修正も随時ＯＫ。書き出すのには1円もかかりませんし、誰かに見せる必要もありません。頭の中で何を考えるかは自由です。思いのままに書き連ねてみましょう。

おすすめは、最近会っていない旧友や親戚など身近なところから始めてみること。あなたが会社員なら、もう少し勇気を出して、憧れの部署やポジションで活躍している社内の先輩に会いに行くのもいいでしょう。自ら会いに行くことの充足感をまず体験することが大切です。もちろん、著名人や業界のトップランナーを挙げるのもＯＫです。もしかしたら、現時点ではリアリティが感じられないかもしれません。でも大丈夫です。僕も最初はそうでした。未来に期待が膨らむ相手であればぜひリストアップを。

「会いたい人リスト」ができたら、いよいよ人生を更新する人と世界に出会う旅のスタートです。まだ少し心配ですか？　ご安心ください。あなたが最初の一人に会えるようにこの先の旅路もご一緒します。

第 1 部

会う前編

第1章

リサーチから「会う」は始まる

リサーチにはふたつの種類がある

相手が身近な人であれ著名人であれ、「会う人」を定めたら最初にしていただきたいことはひとつ。リサーチです。

リサーチをおろそかにしない、それは相手をおろそかにしないことの表れでもあります。それが相手との関係を深める大切な要素になると心に留めていただけたら嬉しく思います。

では具体的にどんなリサーチをすれば良いのでしょうか。僕は次のふたつが必要だと考えます。

①パブリックリサーチ
②オリジナルリサーチ

人と会い、関係を深めることに優れた人の多くは（自覚しているかは別として）これらを実践しています。以下、実行していただきたい順にお伝えします。

お相手のプロフィールやSNSを見る（パブリックリサーチ無料編）

パブリックリサーチとは、SNSやホームページなど公の情報にあたることを指します。著名人であれば新聞・雑誌などの連載やレギュラー番組、著書なども含まれます。

インターネット以前の世界では、僕らがお相手の情報を得るためには直接お目にかかるか、伝聞やメディアなどの加工された情報にあたるのがほとんどでした。それがいまや、ご本人から直に発信される情報にも触れられるのだから恵まれた時代になりました。

まずは無料の情報源からお伝えします。

〈本人発信〉サイト・ブログ・メールマガジン・ソーシャルメディア（Instagram、Facebook、X（旧Twitter）、TikTok、YouTube、ポッドキャストなど）

誰かをリサーチしようと思った時、僕ならまずその方のWebサイトがあるかを確かめます。使っているSNSや活動情報が網羅されており一覧性が非常に高いからです。ここを「スタート地点」として適宜必要な情報にあたっていけば良いわけです。

プロフィールにも必ず目を通しておくこと。これまでの歩みが俯瞰できるだけでなく、出身地や生年月日、血液型に星座、学歴や在住歴などを知ることができる場合もあります。あなたとの共通点も見つかるかもしれません。これらはアポ取りや会った時に活用できる可能性もあります。積極的にインプットしましょう。

次にあたりたいのはブログやメールマガジン。同じ公式情報でもより生に近い情報に触れられる可能性が高いからです。日常や人となりはもちろん、最近、どんな活動をしているのか。今何を考え、これから何をしようとしているのか。普段、どんな方と交流しているのか。何に興味を持っているのか。ブログなら、人物像や嗜好性がより立体的に見えてくるでしょう。更新頻度にもよりますが、メールマガジンもバックナンバーが見られる場合はぜひチェックを。

三つ目はソーシャルメディア。スマホで手軽に発信できることもあり、リアルタイムの情報に触れたり、素が垣間見られたりする可能性に溢れています。文字だけでなく、写真、動画、音声などさまざまな形があり理解が深まります。

ひとくちにソーシャルメディアといっても、人によって活用する媒体はさまざま。小説家やジャーナリストの方はX（旧Twitter）、アーティストやモデルの方たちはInstagramを使っていることが多いように感じます。お相手がタレントや声優の方ならYouTubeやポッドキャストを活用しているかもしれません。いずれにせよ、お相手が発信している媒体はもれなくチェックしておきましょう。

〈メディア発信〉レギュラー番組・ゲスト出演番組（テレビ、ラジオ、Ｗｅｂ媒体）

お相手が専門家や著名人の場合はこれらの情報の有無もチェックし、もし出演しているようなら目を通しましょう。多くの番組には進行役や聞き手がいます。生放送でなければ多かれ少なかれ編集されています。本人発のメディアがなかったり、あまり頻繁に発信していなかったりする場合は、プロにより整理されたこうした情報も参考になります。『プロフェッショナル 仕事の流儀』『情熱大陸』『カンブリア宮殿』などが定番ですが『オールナイトニッポン』のようにひとり語りや生放送の場合は、限りなく素に近いご本人を知ることができるでしょう。お相手がそんなメディアに登場していたら必ずチェックしたいものです。

ポイントは「ここでしか得られない情報は何か」とアンテナを張って視聴すること。すると日常の習慣やこだわり、最近の買い物や夢中になっていること、ご家族や友人とのエピソードなどが自ずと目や耳に飛び込んできます。

お金を払ってでもチェックすべきこと（パブリックリサーチ有料編）

僕たちはかつてないほど多くの情報を無料で効率的に得られる時代に生きています。それは、いつでもどこでも誰でも得られる情報とも言えます。いっぽうで有料情報は文字通りお金を払った人だけが得られるもの。それだけに、よりディープな情報や機会が得られることも少なくありません。

最初はお金を払ったのに損をしたと思うこともあるかもしれません。しかし、それでも使い続けることで情報源を見る目も養われ、自分が求めている情報を的確に得るセンスが磨かれるはずです。

〈本人発〉著書・連載記事（雑誌、新聞、Ｗｅｂ媒体）

ご本人が書き、編集者やライターなどプロの手も入っている情報です。１冊の本で相手の世界観に触れたり、会うためのヒントを得たりできるのだから、これほど安い買い物はないと僕は考えます。

特に専門家や作家の方たちは、得られる情報が著作だけということも珍しくありません。だから必ず目を通すことです。時間的に全てにあたるのが難しくても、せめて代表作・最新作・デビュー作は読んでおくこと。連載のコラムや作品があればそれもチェックしておきましょう。

著作が絶版になっている場合、僕はネットオークションで買うことが珍しくありません。

2021年。ベルリン在住（当時）のメディア美学者、武邑《たけむら》光裕さんにお目にかかった時がまさにそうでした。『さよなら、インターネット』（ダイヤモンド社）で「GDPR（EU一般データ保護規則）」の深層に迫り、『ベルリン・都市・未来』（太田出版）では、シリコンバレーとは全く異なるベルリンのデジタルビジネスシーンを描いた彼。最新作『プライバシー・パラドックス　データ監視社会と「わたし」の再発明』の版元である黒鳥社から発信されるニュースレターで一時帰国されていることを知り、僕はどうしてもお話をうかがいたいと思いました。定めた取材テーマは、最新作に関連して「ポスト・プライバシーに直面する世界で『わたし』らしく生きるには?」。左記の取材理由を添えて、黒鳥社を通じてインタビューを依頼させていただきました。

パンデミックを抑え込むという大義のもと、ポスト・プライバシーの流れは2021年に入ってもとどまるところを知らず、むしろ加速しているようにさえ感じます。そんななか、私たち一人ひとりが「わたし」を保っていくためには、まず何を知り、考え始めるべきなのか。また、武邑様ご自身は「プライバシー・パラドックス」といかに向き合い、日々何に留意して生活や仕事をされているのか。うかがえましたら幸いです。

ご担当者の尽力のおかげでアポ取りは成功。インタビュー決定後、持っていた代表作に加えて購入したのが絶版となっていた『ニューヨーク・カルチャー・マップ』(群雄社)でした。出版は1983年。Amazonでは5000円を超えていたと思います。ですが40年近く前の著書の存在を知って無視するわけにはいきません。

ひょっとすると、彼のアイデンティティの源泉が隠されているかもしれない。そう思ったのです。

実際お目にかかった武邑さんにこの本をお見せすると、「懐かしい。実はこれ、かなり売れた本なんです」と喜んでくれました。そして当時のニューヨークがいかに魅力的だったか。それが彼に何をもたらし、その後の海外生活へと羽ばたかせたかをとても丁寧に教えてくれたのです。インタビューは想像以上に実りあるものとなりました。

お相手の著作に触れることは、多かれ少なかれ時間と費用がかかります。初めは少し大変に感じるかもしれませんが、アポ取りや対面時のコミュニケーション精度が高まると考えればこれほど効果が期待できる準備はありません。

〈メディア発〉インタビュー記事（雑誌、新聞、Ｗｅｂ媒体）

リサーチ源としてのインタビューが優れているのは、整理された形で本人の考えに触れられたり、意外な一面を垣間見られたりするからです。

インタビューさせていただいたお相手から「今までうまく言葉にできなかったことを引き出してくれてありがとう」という言葉をいただいたことは少なくありません。自分発信だけでは「思っていることを周囲や世の中に十二分に伝えられていない」と感じている人が思いのほか、多いようです。

『Number』(953号／文藝春秋)にサッカーのドイツ・ブンデスリーガ(当時)でプレーする原口元気選手のこんな記事がありました(以下引用)。

原口はW杯を控えた今シーズン終盤、あることを思いついた。これまでに自分が受けてきたインタビューなど、過去の記事を所属事務所のスタッフに頼んで集めてもらい、それに目を通すことにしたのだ。

その理由について、こう語っている。

「基本的に、何をしてきたのかなというのを、一つの区切りの前で、きちんと確認したかったので。自分がどうやって努力して、どういう風になりたいと思って、こう変化してきたというのを再確認もできたし。このあと、どうなっていきたい

―のかというのをもう一度考えたいなと思って、集めてもらいました」

原口選手のように取材を受ける側がこうした用途に使うこともあるくらいなので活用しない手はありません。

ではどのようにインタビュー記事を探し、読み込めばいいのでしょうか。

比較的新しい記事にあたりたければ、まず公式サイトのメディア掲載情報でチェックしたり、検索エンジンで「相手の名前＋インタビュー」で調べたりすることをおすすめします。最新のインタビュー掲載記事を見つけたら、僕は迷わず購入しています。

昨今は楽天マガジンやdマガジンなど雑誌読み放題サービスを利用すれば、月額数百円程度で購読できます。かつては、記事の一部しか読めないといったこともありましたが、最近はほぼ全ての記事を読める雑誌も増えており、掲載雑誌数も楽天マガジンなら１６００誌（２０２４年７月時点／別冊・ムック含む）と抜群です。

では、過去のインタビュー記事にあたりたい場合はどうすればよいでしょうか。

新聞なら電子版を購読していれば、過去数年分の記事を検索・閲覧することも可能です。さらに追加料金を支払えば、読売新聞のヨミダスパーソナル（過去10年分の記事から閲覧可／2024年11月現在）や朝日新聞の朝日新聞デジタル select 朝刊ダイジェスト FULL（1985年以降の記事データベース利用可／2024年11月現在）のように、はるか昔の記事にまでさかのぼれるサービスもあります。

いっぽうで少々ハードルが高いのは雑誌の記事です。どの雑誌のどの号にお相手のインタビュー記事が載っているのかを見つけるのは簡単ではありませんし、仮に見つけられたとしても、5年も10年も前の該当号となると中古でも手に入らないことは少なくありません。

そこで頼りになるのが Web OYA-bunko です。これは評論家の故・大宅壮一が残した雑誌専門図書館である大宅壮一文庫の雑誌記事索引データベース。明治時代から最新のものまで732万件の雑誌記事インデックスが収録されています（2024年11月現在）。インタビュアーとして駆け出しの頃は東京・八幡山にある同文庫に実際に足を運び、検索し記事をコピーして……ということをしていましたが、この

Web版の登場でリサーチが劇的に楽になりました。

使い方は簡単です。会員専用サイトに相手の名前を入れて検索するだけ。すると合致する雑誌の索引が表示されるので、読みたい記事があればチェックボックスをクリック。その記事をFAXで受け取ることができます。FAX機を持っていなくても、Eメールで送受信できる外部サービスeFaxがあります。僕もこちらを利用して、問題なくWeb OYA-bunkoの恩恵に与《あずか》っています。

個人会員なら年会費は一口1000円、10口以上（1万円以上）。月額基本料金は無料で、索引表示料金は1件につき25円。オンライン複写を利用するなら追加で手数料1枚につき330円。送信手数料は1申込につき500円（2024年11月現在）です。自宅や仕事場にいながら容易に膨大な記事を入手できるのは実にありがたいものです。

僕は、これまで数え切れないほどこのサービスに助けられてきました。

数々の世界大会で輝かしい実績を挙げたアスリートTさんへのインタビューもそうでした。日本中が注目する国際大会の直前、僕はある企画で彼からご両親への思いを聞く重責を急遽担うことになりました。大急ぎで著書や直近のインタビュー記事を片端からチェックしたもののリサーチの浅さは否めません。しかも彼は20代前半（当時）とは思えぬほど落ち着いており、メディアの取材も山ほど受けています。でもだからこそ彼の素や本音を引き出してほしい――そういう依頼でした。そこでWeb OYA-bunkoの出番です。僕はTさんのそれまでの全インタビュー記事にあたり、彼の中で変わってきたことや変わらないものを見つける作業をしていきました。

現在の言動だけに注目しても、それは過去が積み重なった結果を見ているだけに過ぎません。その結果を導く要因ともいうべき過去の言動を拾っていかなければ、相手の素に近づくのは困難です。

ちなみに、リサーチでインタビュー記事が出そろうと、僕は、

- **最も古い時期のインタビューでどんな言動があったか**
- **どのインタビューにも書かれていないこと（もしくは書かれていること）**
- **○○（媒体名）のインタビューにしか書かれていなかったこと**

などをピックアップし、その部分を対面時の冒頭にお相手に投げかけることがあ

ります。「あなたのことをこれだけ調べてきました（それだけ本気なんです）」と伝えることができ、その後のコミュニケーションがぐっと円滑になるからです（もちろんその場の本題から大きくずれない質問であることが大前提です）。

お相手がTさんのようなトップランナーであれ、身近な誰かであれ、心構えや事前の準備が相手にしっかりと伝わってしまうのが、会うことの怖さでもあり面白さでもあるところです。どんなに「あなたの大ファンです」と言っていても、リサーチと、その結果としての質問が浅ければ、すぐに見抜かれてしまいます。逆にいえば、しっかりとリサーチしておくと、誠意と熱意は必ず伝わるものです。

Tさんのインタビューでも、開始10分もしないうちに「早川さんくらいしっかりと準備してくれる方がなかなかいないんですよね」と言っていただけたことを思い出します。心優しい彼のリップサービスだと思いますが、Tさんの表情はそこから一気に柔らかくなり、それまでメディアで見たことのなかった顔を垣間見ることができたのも事実でした。記事検索とオンライン複写でかかった費用はおよそ4万円。インタビューの充実度を思えば安すぎるくらいだったと今も思っています。

〈本人発〉イベント（トークショー、セミナー、講演会など）交流体験（サロン、ファンクラブ）

お相手が専門家や起業家ならセミナーや勉強会に講演会、アーティストならトークショーや作品展にファンクラブ……生のお相手に触れる機会がある場合は、ぜひ活用したいものです。

ところが、この「有料体験」をしている人は意外と少ないように感じます。著作は全部読んでいるし、お金や時間にもそれほど困っていないという方でも、です。これはあまりにもったいないと僕は思います。

もちろん、とにもかくにもお金の力を使って会いましょうと言いたいわけではありません。まして何十万円もする高額の講座やセミナーのような場に行きましょうとすすめるわけでもありません。いろいろ調べれば各界のトップランナーと呼ばれる人の講演会や講座でも非常に安価、もしくは無料で参加できるものもあります（国や自治体、大企業が主催するものなどに多いように思います）。

今は少しアンテナを張っておくだけで会うチャンスがつかめる時代です。お相手も同じ人間。自分のイベントや講演会などに足繁く運んでくれる人がいれば、やはり嬉しいはずです。実際、顔を覚えてもらったことがきっかけで、スタッフやビジネスパートナーという関係にまで発展した人を僕は何人も知っています。

会員制サロンもおすすめです。主宰者との距離が近く、直接コミュニケーションを図れるものが多いからです。手前味噌になりますが、かつて僕がプロデュースしていた「石田衣良のパブリッシュサロン　世界はフィクションでできている」もそのひとつ。会員になると専用のFacebookページで小説家の石田衣良さんに直接質問できたり、コメントをもらえたり、作品をみてもらったり……オフ会も定期的に行い、バーベキューをしたり映画を観たりすることもありました。会員の方が直木賞作家と楽しそうに話したり、フランクにお酒を飲んだりする光景を見ながら、ひと昔前なら絶対にこんなシチュエーションはなかっただろうなあと感慨にふけったことを思い出します。

「カラーバス効果」を使おう（オリジナルリサーチ①）

パブリックリサーチだけでも、実践すればお相手に会える確率はかなり高まります。しかし多忙を極める方や著名人の場合、それでもなおハードルは高いものです。そこでぜひ、もうひとつ実践していただきたいのがオリジナルリサーチです。具体的には「会う場で役立つ情報」や「相手に役立ちそうな情報」をリサーチすることを指します。つまりパブリックリサーチのようにすでにある情報へアクセスしにいくのではなく、あなた独自の視点や考え、アイデアを盛り込んで、能動的におこなっていくクリエイティブなリサーチです。

いきなり独自の視点をと言われても……と思う方もいるかもしれません。しかし何も天才的なひらめきを発揮する必要はありません。

「○○さんに会った時に役立つ情報は何だろう」と何となくアンテナを張って日常を過ごしてみるだけでいいのです。テレビ、新聞、雑誌、Ｗｅｂメディア、書店、誰かとの日常会話……ほんの少し意識するだけで、ふとした瞬間に「あ、これ役立つかも」と思える情報が少なからずひっかかってくるはずです。こうしたリサーチを実践していれば、自ずとこんな思いや考えが浮かんできます。

「ここをもっと深めれば、会った時に役立つのでは」

「この情報を調べてお伝えできれば、後々相手の方の役に立つかもしれない」

このように具体的に「これ」というものが出てくれれば、それをさらにリサーチしていきましょう。


自分が意識することほど、それに関係する情報が自分のもとに集まってくる現象は、心理学用語で「カラーバス効果」というそうです。

たとえば「今日はオレンジ色に注目しよう」と決めてみます。すると家の中から通勤の道のり、会社の風景にいたるまでやたらとオレンジ色が目に付くはずです。もちろんその日突然オレンジ色のものが増えたわけではありません。これがカラーバス効果なのです。

試しにほんの3分で構いません。あなたも色を決めて日常の光景を眺めてみてください。効果を実感できたら今度は色ではなく「得たい情報」を決めてみます。24時間気を張る必要はありません。ほんの頭の片隅で大丈夫です。その積み重ねがオリジナルリサーチにつながると信じて実践していただけたらと思います。

自分の得意ジャンルから考えてみる（オリジナルリサーチ②）

自分の専門分野や技術、趣味でも構いません。自分の得意ジャンルで、お相手に会った時に役立つ情報は何なのかを考えてみましょう。するといっそうリサーチが深く厚くなります。何より、得意なことなので自信を持って話すことができます。これを生かさない手はありませんし、会う前、会った時、会った後において、あなたが何者かを知ってもらうことにもつながります。

例えば僕は大の旅好きで、これまでに世界50都市以上を訪れてきました。ですから、自分が会いたいと思ったお相手が世界を飛び回っている方だったら、これはありがたいなと思います。写真や映像とともに彼らが行ったことのない場所を紹介すると非常に喜んでもらえるからです（特に穴場のスポットやレストラン、魅力的な人など）。何かに精力的に取り組んでいる方の多くはいつも「未知との遭遇」を歓迎し、自分を更新することに余念がないので、こうした些細なことでもその後の会話が弾むきっかけとなることが少なくありません。

以前対談でお目にかかった柳澤《やなさわ》大輔さんのオリジナルリサーチは秀逸でした。鎌倉に本社を置き、Ｗｅｂやモバイルデバイスなどさまざまなプラットフォームにコンテンツを提供するＩＴ系クリエイター集団・面白法人カヤックを率いる彼は「この人に役立つかもしれないという情報を見つけたり、アイデアを思いついたりしたら、ただの『情報提供』で終わらせるのではなく、企画にまでブラッシュアップし、会った時に提案してしまうんです」と話してくれました。想いを言葉だけで終わらせるのではなく、かたちにする。だから彼とカヤックは長きにわたりこれほど多くのファンの方に愛されているのだなと納得しました。会いたい人に〝提案する〟というスタンスを持ってリサーチしていくと、アポ取りはもちろん会った時や会った後、相手と関係性を深めることにも役立ちます。

足で得たリサーチに勝るものなし（オリジナルリサーチ③）

忙しい日々のなか、いかに効率的にリサーチするかを考えることは重要です。いっぽうで、自ら汗をかくことでしか得られない情報や体験があるのも事実。そしてこれらには、借りものではない唯一無二の価値があります。

ユニクロの紙媒体『The LifeWear Book』で「ターブルオギノ」オーナーシェフの荻野伸也さんにインタビューさせていただいた際がまさにこれでした。リサーチのことをそのまま同誌の記事に盛り込んだので一部引用します。

インタビューの前日、事前リサーチのため、荻野が経営するカフェのひとつで料理をテイクアウトしたところ、ふたつの驚きを受けた。ひとつ目は、その味の素晴らしさ。ふたつ目は、ベンチに座って食べていたら、通りすがりの女性から「それはどこで買ったんですか⁉」と聞かれたことだ。インタビューのとき、荻野にそのことを伝えると、「気に入っていただけて嬉しいです」と答えた。「うちのメニューはいつも違うんです。新鮮な野菜を毎週何キロも農家から仕入れているんですが、何が送られてくるかは、届くまでわかりません。メニューは、到着した野菜をみてから決めています」。

会う前にほんのひと手間かけて相手のホームグラウンドに足を運んでみる。たったそれだけで、リアルな情報を得ることができます。机上のリサーチでは、決して

「通りすがり」の声は拾えません。体験から出る言葉は、お相手にも確実に刺さります。さらに思わぬエピソードを引き出すことにもつながり、距離もぐっと縮まります。おかげで荻野さんとは一度きりで終わることなく、その後もお店にうかがったり、僕の運営するポッドキャスト番組に出ていただいたりすることができました。

共通点と地雷点をピックアップ（オリジナルリサーチ④）

一通りのリサーチを終えたら、僕は必ず目の前にある情報から「共通点」と「地雷点」をピックアップします。

共通点とは自分とお相手との共通点のこと。出身地、出身校、趣味、特技……相手が不快感を抱かないことならどんなことでもOKです。ここまでお伝えしてきたリサーチをしていれば、かなり高確率で共通点が見つかっているはずです。好きな本や映画、アーティスト、ブランド……スマホの機種が同じということでも構いません。

そんなことが役立つの？　と思うかもしれませんが、その「そんなこと」が、会った時の第一印象を良くしたり、会話の糸口をつかむきっかけになったりすることが珍しくありません。特にパーティや異業種交流会などの不特定多数が集まる場では効果てきめん。僕自身これまで何度も救われてきました。

いっぽうで地雷点は注意が必要です。これはお相手の「嫌い」や「苦手」な物事を指します。たとえばタバコを吸うのか否か。事前に知っていれば会う場所を決める際に役立ちます。もし嫌いな食べ物が分かっていれば、手土産や食事を手配する場合に不快な思いをさせるリスクが軽減します。ゆえに、考え得る地雷点は事前にすべてピックアップしておくことをおすすめします。

そんな時にありがたいのが「その方をよく知る人」の存在です。彼らなら、お相手の地雷点を知っている可能性が高いはず。第一に聞いておきたいのが「先方と関係が良くない人は誰か」です。

仮にあなたが会いたい人がAさんだとします。あなたはAさんの過去のブログやX（旧Twitter）で、AさんがBさんと仲睦まじくしている姿を目にしました。この時「あ、Bさんとも交流があるんだ。彼の作品も好きだからこれはありがたい。共通点が見つかった！」と思えても安心する事なかれ。AさんとBさんの関係性が

「今」も良好か。Ａさんをよく知る方に裏を取っておいた方が良いでしょう。

これを怠ったばかりにお目当ての方に会った際に「〇〇さん、いい人ですよね！」と冒頭で声をかけたりすると、初っ端から相手の機嫌を損ねてしまいかねません。人間関係は生ものです。もちろん１００％のリスク回避は不可能。しかしだからこそ相手の人間関係にはできるだけ敏感になっておきたいものです。僕ならせっかく見つけた共通点でも、地雷点にもなり得るなら迷わず捨てて他を当たります。もちろん知り得た個人情報を軽率に口外するなどもってのほか。慎重に扱わなければいけないことは言うまでもありません。

リサーチした情報はふたつの「箱」に分ける

リサーチと同じくらい大切なのが、得た情報をいかに保管・整理しておくかです。必要な時に必要な情報にアクセスできればどんな方法でも構いませんが、携帯性や検索性を考えるとスマホアプリがおすすめです。

僕が長年使っているのはアプリEvernote。テキスト情報だけでなく、画像や動画の記録、Ｗｅｂページのクリッピングまで可能で、クラウド上でデータを管理できるからです。ＰＣ、スマホ、タブレット用にアプリが提供されており、これらを使えば複数のデバイスで記録した情報が同期されるので非常に便利です。

僕の主な使い方は二通り。

会いたい人が決まっている場合は、シンプルにAさん、Bさんとノートブックを作成し、関連する情報を見つけたら随時ここに入れておきます。ネット上の記事、YouTubeのリンク、雑誌記事のスキャン……少しでも気になる情報を見つけたら気軽にためていきましょう。

もうひとつは「健康」「起業」「科学」のように興味があるカテゴリ別にノートブックを作成する使い方。ピンときた情報はもちろん、専門家の方による記事があれば迷わず入れておきます。知識が深められるだけでなく、その分野で誰かにお話をうかがいたいと思った際、このノートブックを振り返れば、自動的に候補者リストができあがっているからです。候補者の方の記事やその分野の情報もすでにストックされているため、期せずしてパブリックリサーチも進んでいるという状態になっています。

会う前からメモをとろう

「会う前」のメモ。これをいかにしっかりとるかが、アポ取りの成否に直結します。メモの精度を高めるために、僕はいつも次の四つの問いを自分に投げかけています。そして出てきた答えに「なぜ」「どのように」「何を」と問い続けます。答えに厚みや深みが出てくるからです。他にも思いつく質問があれば、どんどん書き足していきましょう。

(1)なぜ会いたいのか?

（質問例）

- 一緒に働きたいから?
- ロールモデルだから?
- 相談したいことがあるから?
- アドバイスを受けたいことがあるから?
- 作品に心を打たれたから?

⑵どうすれば会えるのか？

（質問例）

・共通の知人・友人はいないだろうか？

・相手が所属する会社の広報に直接申し込む？

・イベントや勉強会を開催していないだろうか？

・お店やアトリエに行けば会える？

・自分が相手に提供できる価値は何か？

⑶会った時にいかに有意義・快適に過ごしてもらうか？

（質問例）

・どんな環境が好ましいか？

・どこでお目にかかるのがベストか？

・最適な面談時間は？

・手土産や謝礼は？

・共通点は？

・地雷点は？

⑷会った時に何を聞きたいのか？　伝えたいのか？　したいのか？

・面談趣旨は？

・具体的な質問内容は？

・提案できることは？

ここまで来たら、リサーチは完璧です。次のステップへ進みましょう。

《コラム》おすすめのメモ術・ツール

ここでは僕が取材でお目にかかったメモの達人や僕自身が実践しているメモ術・ツールを紹介します。ご自身にあうものがあれば積極的に活用していただけたら幸いです。

メモ術①マインドマップ

頭の中で起こっていることを目に見えるようにした思考ツールです。紙の中心に表現したい概念の中心となるキーワードやイメージを書き、そこから放射状にキーワードやイメージを広げ、つなげていきます。ブレインストーミングや企画作成、問題解決など用途は無限にありますが「会う前」のメモにも有用です。

例えば、中心に「なぜ◯◯さんに会いたいのか」を書きます。そこで出てきた答えをすべて放射状に書いていきます。「自分のロールモデルだから」「作品に心を打たれたから」……際限なく書き出します。そして出てきた答えそれぞれに「なぜ？」と問いかけ、わいてきた思考をまた放射状に書いていきます。

「脳の思考を解放する」と評価される手法だけあって、普通にノートに書き出すよりも思考がわきやすく、見返しやすいことに驚く方も多いかもしれません。

おすすめは、デジタルのマインドマップ。僕が10年近く使っているのはX mindというアプリです。macOS、Windows、iOS、Android版などがリリースされています。より多くのエクスポート機能やアイコンが用意されている有料版もあります。このアプリでマップを作成したら、僕はオンラインストレージアプリDropboxにファイルを投げ込んでおきます。外出先やPCを持参していない状況でマップを作成・編集したくなったら、このファイルをスマホ版のアプリで開けばOKです。手書きに比べ発想が出づらくなるようには感じませんし、思い立ったらすぐにスマホでアイデアを記録、適宜追加・修正できるのは本当にありがたいものです。いつでもどこでも見返せますし、データやテキストをマップ上に簡単にコピー&ペーストすることもできます。

おかげで僕のインタビュースタイルは一変しました。「どうすれば会えるか」のメモに使うのはもちろん、質問項目も事前にマップ化しておくことができるからです。これを当日タブレットで開き、マップをもとにお話をうかがっています。以前はいちいちノートを見返しながらインタビューに臨んでいましたが、正直どうしても「次は何を聞こうか」と意識を奪われてしまい、目の前にいる相手に100%は集中できませんでした。このスタイルに変えてからは一瞬で「見える化」した自分の脳を覗くことができるので、対面時の集中度合いが俄然高まりました。その安心感からか、不思議とマップそのものを見返すこともぐっと減りました。イメージで記憶に定着させるメモは強いなと実感する日々です。

メモ術②ねぎま式メモ

これは外から得たものと自分から出たものを分けるためのメソッドです。

「○得た情報→☆考えたこと→○印象的な発言→☆疑問→○得た情報→☆気づいたこと」というように、「客観」は○、「主観」は☆と印をつけ、互い違いに書いていきます。書くことが思い浮かばなければ「☆すごい！」でもＯＫです。

これは元業界紙記者で『情報は1冊のノートにまとめなさい【完全版】』（ダイヤモンド社）著者の奥野宣之さんから取材時に教えていただいたメモ術です。なぜ情報の自他を区別するのか。そんな僕の疑問に奥野さんは答えてくれました。

「自分と他人の考え方の区別をしておかなければ、何事にも受動的な人間になってしまいます。例えば『日本は衰退する』という発言があったとします。それをそのまま自分の考えにするのではなく、自分と明確に区別するために『この人は年金制度について言っているのだろう』と注釈をつけておく。このように少しずつでも自分の意見を書いておかないと、自分の話す内容が他人の情報を借りただけになってしまいます」

大切なのは、お相手のお話をうかがう中で感じたことを率直に書き留めておくこと。「後でここを質問しよう」「これを詳しく聞いてみたい」、はたまた「この人はなぜこの万年筆を使っているのか」……どんなことでも構いません。その場で全てをうかがうことができなかったとしても、それが再度お目にかかる機会をいただくきっかけとなるかもしれません。

ねぎま式メモを対面時だけでなく、読書やＷｅｂ閲覧時にも使えば、能動的に考えその場でアウトプットするトレーニングにもなります。アウトプットは自分の発想やアイデアと言い換えることもでき、会うための企画のもとにもなるのですから。

ちなみに僕は、会う前のメモとインタビュー項目はマインドマップ、会った時のメモはねぎま式メモと、使い分けることが多いです。現場ではその場の雰囲気を大切にしながら、スピーディーかつ直感的にとれるねぎま式メモはとても便利です。そして会った後は再びマインドマップ。僕の字はとてつもなく汚いので一刻も早くデジタル化しておかないと、自分でも判別できなくなってしまうからです。そしてクラウドにアップしたら一段落。後は自分のペースでいつでもどこでも必要な時に、メモを深めています。

ツール①Goodnotes

iPad用の手書きメモアプリで、Apple Pencilとの相性が抜群です。ペンの種類や太さ、色など多くの選択肢から選べるので手書きノートさながら。ＰＤＦを読み込んで注釈がつけられるのも便利です。

たとえば「○○さん取材」というフォルダをつくっておけば、そのなかで取材用ノートやリサーチした資料を一括で管理することができます。僕はWeb OYA-bunkoでリサーチ、eFaxで送られてきた複写記事を、そのままこのアプリに読み込んでいます。いつでもどこでも人と会う準備ができますし、気になる部分にマーカーを引いたり、ブックマーク機能を使ったりするのも容易です。ノート内に画像や別のファイルを貼りつけることもできるので、「○○さん専用ノート」を作成・編集するのも簡単。Appleのクラウドサービス iCloud経由でiPhoneやMacなどAppleのデバイスに同期できるので、いつでも最新のデジタルメモを取り出すことができます。僕は無制限にノートをつくれる有料版（税込み4080円で買い切り。2024年11月現在）を愛用していますが、3冊だけノートを作成できる無料版もあるのでまずはそちらから試していただくのが良いと思います。

ツール②メモ（iOS純正アプリ）

時間がない時や取り急ぎのメモをしたい時におすすめです。あとで他のアプリに書き出したり、コピー&ペーストしたりするのも簡単です。

こちらもiCloud経由でメモを同期できるのでいつでもどこでも更新が可能です。Goodnotesほど多機能ではないものの、テキストを打つだけなら、起動から入力までのスピード感はダントツです。

ツール③タブレット・スマホ用防水ケース/防水ノート

リラックスした時ほどアイデアは出やすいもの。入浴時はその典型です。そんな時に浮かんだ発想を忘れないようにするために僕はタブレット用の防水ケースをネットで購入してiPadとApple Pencilを浴室に持ち込んでいます。アナログ派の方なら防水ノートも良いでしょう。防水ペンもあるようですが、それなりの金額がするものも多いので、それなら防水でなくとも安価なペンを持ち込んでガンガン使った方が中長期的に見てコスパが良いと個人的には感じています。

心がほぐれる浴室は「会う前」のメモをとるのはもちろん、「会った後」にメモやマインドマップを見返して、相手の方に「これから先、何か役立てることはないだろうか」と思いを馳せる場所にもなるでしょう。

ツール④Bear

僕の日課はランニング。幸か不幸か走っている時に限ってあれこれとアイデアが出てきます。都度立ち止まってメモをとるわけにもいきません。そこで活躍するのが音声メモです。Bearは入力した音声を自動的にテキスト化してiPhone、iPad、Macで同期できるメモアプリ。デバイス間の同期は有料（月額400円。年額4500円。2024年12月現在）ですが、こちらが優れているのはApple Watchとも同期できること。

Apple Watchを使っている人ならBearがあればランニング中に何かを着想しても、手元のアイコンをワンタッチするだけですぐにメモが吹き込めます。もちろん、後でiPhoneやMacで細かい編集も可能です。似たようなアプリはたくさんありますが、ここまで使い勝手が良いものは今のところ見つけられていません。

ツール⑤カリグラフィペン

ボールペンにはない独特の書き心地が思考と発想を広げてくれます。フリクションのように消すことはできませんが、「企画の構想を練る」「人生のプランを考える」など、じっくりと腰をすえて創造的なメモをとるときには最適です。一押しはパイロットの「プレラ」。趣ある美しい色を数多く取りそろえている同社の万年筆用インキ「色彩雫《いろしずく》」を使えば、メモをとるのがより楽しくなります。

第2章

アポ取りのチャンスはどこにでもある

アポ取り前のマインドセット

リサーチが終わったら、いよいよ会うための具体的なアクション「アポ取り」に入ります。

連絡先さえ分かれば、地球の裏側にいる誰かであれ、思い立ったらすぐにメッセージを送ることができる――そういう意味では、史上最もアポ取りのチャンスに恵まれた時代かもしれません。しかしどんなにテクノロジーが発達しても、アポ取りそのものが簡単になったとは僕は思いません。その先にいるお相手は、機械でもAIでもなく一人の人間であり、心があるからです。

では、アポ取りをする際に忘れてはいけないことは何でしょうか――それは、会うことは「お相手の命の一部をいただく」行為だという意識を持つことです。大げさに感じる方もいるかもしれませんが、たとえ3分だとしてもその方の人生の貴重な時間を自分に割いてもらうことに他なりません。ぜひこのことを忘れずに、これから先を読み進めていただけたら幸いです。

アポ取りには「直接」と「紹介」の2パターンしかない

アポ取りのパターンを大別すると、

①直に相手に申し込む「直接型」
②誰かを介する「紹介型」

このふたつしかありません。「紹介型」の方が容易に感じるかもしれませんが、一概にそうとも言えません。なぜならあなたが会いたい人だけでなく、「紹介してくれる人」にまで思いを馳せなくてはならないからです。あなたの言動いかんによっては、お相手と紹介者の関係にひびを入れてしまうことにもなりかねません。

ですからまずはたった一人――あなたがお目にかかりたい人に想いを馳せて直にアプローチする「直接型」から始めましょう。仮に紹介を受けやすい環境にいたとしても、です。自分の心と体を使って企画を考え、直接アポを取ってみる。この基本から取り組むことをおすすめします。

もちろんその過程には、多かれ少なかれ苦労や緊張はつきものです。すべてのアポが成功するわけでもありません。ですが、実体験から得た学びや気付きは決して無駄にはなりません。次のアポ取りに必ず役立ちます。また、一度でも直接のアポが取れると「自分次第で未来は拓けるんだ」という実感があなたの中に確実に生まれます。これは本当に得がたいものです。どうか臆せずはじめの一歩を踏み出してください。

相手の心を動かす三つのポイント

では、具体的に相手に「会ってみよう」と思ってもらうための鍵は何でしょうか――「直接型」「紹介型」問わず、僕は次の三つだと考えます。

①直接役立つことを申し出る

あなたがお目にかかりたい方のことを想像してみてください。志を持ってボランティア活動をしている方ならば、活動を広めるアイデアを提案する。活動資金を集めるためのクラウドファンディングを企画する。物資を提供する。直接資金援助を申し出る。これらをできそうな人を紹介する。作家や著者の方ならば、著作を一人でも多くの方に届けるためのPRの支援を提案するのも良いと思います。SNSやブログで本を紹介したり、インタビューさせていただき（これ自体がアポを依頼する理由にもなります）YouTubeやポッドキャストで配信したりする……など、お相手や彼らの活動に役立つと思える何かを申し出るのがポイントです。

申し出の具体的内容を策定する際に活きるのが、前章でお伝えしたリサーチです。リサーチを基に、現実的かつ具体的な案が出てくるはずです。

アイデアがひとつも出てこないという方はぜひパブリックリサーチとオリジナルリサーチのところを読み返して再度実践してみてください。リサーチの質量が高まれば自ずとアイデアは出てきます。

②良識ある熱意

お相手に直接役立つ提案をする際に原動力となるのが「熱意」です。

もちろん「熱意があれば何でもできる」と精神論を振りかざすつもりはありません。しかし「自分のためにここまで考えてくれているのか」という情熱は、お相手が誰であれ（雲の上のような存在であれ、言葉が通じない海外の方であれ）必ず伝わるのも事実です。

メンタルヘルス分野の著作が世界40カ国で翻訳、400万部超のベストセラーを記録した米国の作家Gさんへのインタビューがまさにそうでした。2017年秋。僕はメールで彼に直接アポをとり、アメリカのご自宅までうかがいました。アポの際のメールの一部を抜粋します。拙い英語と意訳のため、いささか不自然な日本語文となりますが、少しでもお役に立てたら幸いです。

Dear Mr. G,

My name is Yohei Hayakawa and I am a journalist who has interviewed many Japanese authors and celebrities.
I am a big fan of your work and your book “××××××” that literally changed my life.

I want to interview you so that I can share your message with a Japanese audience as a podcaster and a Japanese.
In our interview I would like to discuss your book “××××××” and ask you to elaborate on how we stop complaining every day in this modern world.
I am based in Japan, but I would like to visit you in the US to conduct a podcast interview.
If you can email me back by at your earliest convenience that would be wonderful.

Thank you so much for your consideration.

Sincerely yours,
Yohei Hayakawa

G様

早川洋平と申します。これまでインタビュアーとして多くの作家や著名人の方にお話をうかがってきました。

私はあなたの大ファンで、ご著書『××××××』は私の人生を大きく変えてくれました。

ポッドキャスターとして、一人の日本人として、あなたが（著書に込めた）メッセージを日本のリスナーに伝えるべく、インタビューさせていただけたら幸いです。

インタビューではご著書『××××××』についてディスカッションし、この現代社会で、私たちが毎日不満を感じなくなる方法についても詳しくうかがえましたら幸いです。

私は日本を拠点にしておりますが、インタビューさせていただけるのでしたら、（ご自宅のある）アメリカまで馳せ参じます。ご都合の良いときに、お返事をいただけましたら幸いです。

ご検討のほど何卒よろしくお願いいたします。

早川洋平

そして返ってきたGさんからのメッセージ。

Hello Yohei,

It's great to hear from you. I am honored that my book and the movement has touched your life.

I would be happy to do an interview with you. Are you sure you want to come all the way to the United States?

If that's what you would like, I am totally cool with that.

When are you planning to come?

洋平さん、こんにちは。

お便りをいただけて、とてもうれしいです。私の本と活動があなたの人生の役に立てていることを光栄に思います。

喜んでインタビューを受けさせていただきます。本当にわざわざアメリカまで来ていただけるのですか？

もしそうであるならば、これほどありがたいことはありません。

――ご都合をお知らせいただけたら幸いです。

いくらお目にかかりたいからといってアメリカまで行くか？　と驚いた方もいらっしゃるかもしれません。

コストはもちろんかかります。潤沢な資金は持ち合わせていませんし、スポンサーもいません。会社経営や家族との大切な時間もあります。このような公私にわたる時間やお金の調整は、決して簡単ではありません。ですがその先には、人生を劇的にアップデートさせる機会が待っている――このことをそれまでの何千人もの方との出会いを通じて実感してきました。

実際、僕はGさんに会い、著作を読むだけでは理解しきれなかった箇所や、より深く学びたいと感じた箇所を完全に理解・納得できるまで懇切丁寧に教えていただくことができました。著作には書けなかった裏話やまだ公開していないメンタルにまつわる最新メソッドまで聞かせてもらえたのです。

それればかりか、僕がご自宅を訪れると家族総出でお出迎え。ホームパーティまで開いてくださったのです。「日頃たくさんのインタビューを受けますが、アメリカ国内でもほとんどがオンラインです。実際に私のもとまで足を運んでくれる人はめったにいません」と仰っていた姿も印象的でした。

熱意は、このようにあなたの「会う」を後押ししてくれるとてもパワフルな力を秘めています。

しかし一点、気をつけなければならないことがあります。それは、あなたの熱意が「良識を持ち合わせているか」ということです。相手の都合や気持ち、状況やタイミングを最優先に考えているか。その方にお目にかかりたい気持ちだけが先行して、こうした当たり前のことを忘れてしまっては本末転倒。一方的に押しかけるただの迷惑な人になってしまわぬよう細心の注意が必要です。

そのためにも、アポ取りのメールをする際は、ひと呼吸おいてこの文面でいいか見直すクセをつけることをおすすめします。

ポイントは、自分の想いや都合をただ書き連ねただけになっていないか。そして、お相手がこれなら会ってみてもいいかと思えるような何かが明記されているかのふたつです。

慣れないうちは身近で信頼できる誰かに事前にチェックしてもらうのもよいと思います。熱い心と冷静な頭でアポ取りに臨みましょう。

③公共性に共感してもらう

会ってもらうための基本は、ここまでお伝えしたように相手の目線に立った提案をすることです。ですがそれ以外にもチャンスはあります。それは、その人に会いたい理由に「公共性」がある場合です。子育て支援、地域活性化、環境保全……お相手に共感してもらえる提案ができれば、お目にかかれる可能性は十分にあります。

戦争体験者の肉声を残そうと、僕が12年前に始めたポッドキャスト『戦争の記憶』がそうでした。きっかけは自分自身への違和感。毎年終戦の日の前に集中する報道に接したり、アニメ『火垂るの墓』を見たりして、戦争の悲惨さに胸を痛めつつもすぐにまた忙しい日常へと戻る。そんな繰り返しのなか迎えた、終戦68年となる2013年のこと。『風立ちぬ』『終戦のエンペラー』『永遠の0』など、この年はなぜか戦争をテーマにした映画の公開が多いなと感じていました。また、ちょうどこの頃、僕は世界で初めて原爆が投下された広島に住んでいました。戦争と向き合わなければならない――。しかし、ネガティブな側面を強く持つテーマだけにアポ取りも簡単にはいかないだろう。まして自分には本業もあるし、安易に始めることはできない。そんな想いもあって重い腰がどうしても上がりません。そんななか、複数の知人から時を同じくしてこう言われます。

「戦争体験者のインタビューをしてほしい。ポッドキャストなら肉声を50年後も１００年後も残すことができるのでは」

もちろん、戦争体験をまとめた本や記事、テレビ番組はたくさんあります。しかしこと肉声を残すことに特化した音声メディアは、ＮＨＫのような大手マスコミをのぞけば、僕の知る限りほとんどありませんでした。であるならば、自分のように小回りがきく個人がポッドキャストという新たな媒体を使って、他メディアではすくいきれていない証言者の声を地道に集めるのも良いかもしれない。また、すでに他メディアで証言が公開されている方にしても、直接お目にかかることでまだ知らないお話をうかがえるかもしれない。ポッドキャストなら基本的に収録時間の制約もありません。可能性と意義を感じた僕は、プロジェクトを始めることを決意しました。

最初にして最大の難関――それは一人目の証言者を見つけることでした。探しているお相手は一般の方です。連絡先を見つけるのが困難なうえに、依頼内容も非常にセンシティブなものです。

前職の新聞記者時代であれば、社名を名乗ればお話を聞かせていただくチャンスは少なからずありました（それでもテーマがテーマだけに、簡単ではありませんでしたが）。社内には証言者の方の情報は蓄積されていましたし、戦争体験者のデータベースを持つ公共機関とのつながりもありました。しかし、もう辞めてしまった会社の情報網に頼ることはできません。公共機関に相談しても、応じてもらえませんでした。

しかし戦争体験を語れる方は確実に減ってきています。だからこそ一刻も早くお話をうかがわなくては――そんな焦燥感に駆られていた時、テレビで、ある戦争体験者の方のドキュメンタリーを目にしました。特集されていたFさんという女性は米国在住で、定期的に日本に帰国されているとのこと。当然ご高齢です。ブログやSNSでの発信はあまり期待できないだろうな……。そう思いながらネットを検索すると、予想に反して彼女と思しきFacebookアカウントが。直近の更新が無かったのが気にかかったものの、唯一のコンタクト先です。僕はプロジェクトの概要と想いを簡潔にまとめ、メッセージを送りました。

待つこと数週間。諦めかけていたまさにその時でした。Fさんの知人という方からメッセージが届きます。なんと彼女がまさに今帰国されているとのことでした。「Fさんは限られた残り時間のなかで、少しでも多くの方に戦争体験を語り継ぎたいと日々願っておられます。インターネットメディアにも公開していただくことで、若い方にも聞いていただく機会が少しでも広がれば、と彼女は喜んでいました。東京までお越しくださるのなら時間をつくるそうです」と言っていただけたのです。僕はお礼のメッセージを送るやいなや、広島から上京。お目にかかってお話をうかがうことができ、プロジェクトを正式にスタートさせることができました。

これは、とてつもなく大きな一歩でした。「無名の早川洋平」「当時ほとんどの人が知らないポッドキャストなる媒体」という、分かりにくい要素が多分にあったにもかかわらず、その後は、証言者の方が次の証言者の方を紹介してくださるありがたい循環が生まれました。同時に、戦争体験者のご家族やお知り合いの方から「大手メディアではなかなか取り上げてもらえない。ぜひインタビューしてほしい」との依頼がＷｅｂサイト経由で少なからず届くようになりました。

さらに驚いたのは、国内外の方から「英訳したい」「撮影を手伝いたい」とボランティアの申し出までいただいたことです。プロジェクト構想時にいつかそういう流れが生まれたらいいなと思い描いていたものの、まさかこんなにも早く実現するとは思いも寄りませんでした。

ただ、誤解してほしくないのは、お目にかかるための理由や提案が必ずしも公共性を含んでいなければならないということではない点です。

基本はあくまで会いたい相手の役に立つことは何かを考え、良識ある熱意を持って提案すること。これを忘れずにいただけたらと思います。

直接型のポイント①相手に会える場・サービスを見つける

ここからは直接アポを取る際のポイントをお伝えしていきます。

まずはお相手に「対面できる機会を活用する」です。

ここで大切なのは、本当にその人やその商品、サービスに心からほれこんでいるかどうか、そしてたとえその人に1対1で会えなくとも、こうした機会を心の底から楽しめるか、です。その想いや感動を企画に込められれば、お目にかかれる可能性はぐっと高くなるでしょう。「好きこそアポの上手なれ」、アポを取れば取るほど、つくづくそう思います。

「対面できる機会を活用する」について、さらに理解を深めていただくために例を三つ挙げたいと思います。

(1)勉強会・講座を受講する

この方法でご縁をいただいたのが、阿蘇山中、南小国《みなみおぐに》で自然灰釉の器を創作するいっぽう、自作農業に勤《いそ》しみ「七陶三農」の生活を送る北川八郎さんです。きっかけはパリに暮らす友人で、マインドコーチという仕事をしているメレ安芸《あき》さんからすすめられた彼の著作『無敵の経営』(サンマーク出版)でした。当時の僕は経営書に食傷気味。しかし陶芸家の方が書く経営書という点に強く引かれ、この本を購入しました。

「迷ったら利より信を選べ」「投げた矢は必ず返ってくる」「拡大より充実」といったキーフレーズとそれを説く一文一文には、僕にとってこれまで読んできたどの経営書とも違う気付きと学びが詰まっていました。そしてもうひとつ大きなインパクトを受けたのが経歴です。北川さんはもともとは都内の大企業に勤めていらっしゃいましたが、会社の正義と社会の正義の狭間で苦悩。人として生きている意味を見失い、32歳で退社。その後インド放浪を経て、南小国へ移住。41歳のときに41日間、43歳のときにも46日間の断食（ともに水のみ）を実行し、以来著作活動や講演を続けていらっしゃるとのこと。さらに、多くの著名経営者や起業家が北川さんに教えを乞いに訪ねてくるといいます。なぜ、ビジネスから最も離れたところにいらっしゃる彼のもとへ、ビジネスの最前線にいる人々が足繁く通い詰めるのか。僕は直接お目にかかり、確かめたくなりました。

そこで北川さんのWebサイトを閲覧すると、ちょうど東京で彼の勉強会が開催されることがわかりました。北川さんと直にお目にかかれるまたとない機会。僕は迷わず参加を申し込みました。

勉強会に先んじて、著作から学んだことやうかがいたいことはもちろん、インタビューの企画と概要を作成しました。まだお目にかかってもいないのにそこまでする必要があるのか？　そもそも勉強会という場、しかも初対面の場でゆっくりとお話しする時間があるのか？　と思う方もいるかもしれません。ですが、機会はいつどこで訪れるかわかりません。

迎えた勉強会当日。北川さんは参加者一人一人と2〜3分ずつ話す時間を設けてくださいました。僕は著作からの学びを伝えるとともに、微力ながらその教えをより多くの方に伝えるためにインタビューをさせていただけないかとざっくばらんにご相談したところ、彼はその場で快諾、後日時間をつくってくださることになりました。

ありがたいことに、ご縁はインタビューだけで終わりませんでした。インタビュー当日さらに感銘を受けた僕は「北川さんのお話を（単発のインタビューで終わらせず、継続的に）肉声で世界中に伝え、残していかなければならない」と心底感じました。僕は彼と事務局の方にその想いを伝えました。こうして始まったのがポッドキャスト番組『人生を変える出会い』でした。以来北川さんとの関係と番組は今日にいたるまで続いています。

(2)お相手の顧客になる

お相手が店舗を持って何らかの商品やサービスを対面で直接提供している場合、その顧客になるのもおすすめです。毎回お目にかかれるとは限りませんが、直接コミュニケーションを図れる機会が増えることには変わりありません。足繁く通うことができれば、先方やスタッフの方とも顔なじみになれるかもしれません。そうなればその後のアポ取りがうまくいく可能性もより高まります。

銀座の老舗喫茶店「カフェ・ド・ランブル」の故・関口一郎さんへのアポ取りもこの流れで実現することができました。ある時知人から日本の自家焙煎コーヒーの草分けともいえる関口さんの話を聞いた僕は、彼がどんな思いで創業し、以来70年近く続け、いま何を考えていらっしゃるのか、ぜひお話をうかがいたいと思いました。しかも関口さんは何と100歳。お元気なうちにお話を、という率直な気持ちもありました。

となると、まずは彼のコーヒーを飲まなくては始まりません。お相手がなにがしかを極めた方であればあるほど、こちらの本気度や真意は伝わるもの。中途半端な思いや準備で申し込んできた場合はすぐに見抜かれてしまいます。コーヒーを心からおいしいと思ってこそ、質の高いアポ取りも取材もできると思ったのです。

翌日さっそくカフェ・ド・ランブルへ。残念ながら来店時に関口さんをお見かけすることはありませんでしたが、お目当てのコーヒーを注文。一口でその豊かな味わいに魅せられた僕は、やはりどうしても関口さんのお話をうかがいたいと強く思いました。さあ帰宅して企画を練ろう。そう思って会計に足を運ぶと、何とそこには関口さんご本人が座っていらっしゃいます。この日はお目にかかれないと思っていただけに一瞬たじろぎました。しかし願ってもないチャンスです。

僕はコーヒーとお店に感銘を受けたこと、そしてお時間があるときに別途取材させていただけないかご相談しました。すると関口さんは年季が入ったパイプをくわえながらニコリ。その場で取材を快諾してくださいました。

「終戦直後は喫茶店をやるつもりは全くなく、映画関係の会社を経営していました」という関口さん。そんな彼がお店を始めたきっかけ、創業当時から、コーヒーだけで勝負するお店にこだわってきた理由や想いを「ご本人から直接うかがう」ことは、改めて学びの深さが違うと実感しました。

忘れられないのは「今までひとつも苦しい思いをしたことがない」というひとこと。「この仕事はひとつひとつの工夫の結果が、その場のお客さまの反応で分かります。たとえばうちはネルドリップの布は全て手縫いなのですが、昔はシャープな味覚を持ったお客さまが多かったので、少しでもできが甘いとお気づきになられます。それだけに毎日が真剣勝負でした。でもだからこそ、もっとおいしいコーヒーをお出しするためのあらゆる研究や努力の積み重ねが面白くて仕方ないんです。そして何より、お客さまから直接感謝の言葉をいただけることほどうれしいことはありません。この喜びを一度経験したらもうやめられませんよ。こうした毎日を送っているうちに、いつのまにか100歳になっていたというのが正直なところです」

コーヒーとお客さんへの深い愛情を隠さない関口さんのお姿を僕は今も忘れられません。

(3)作品展に足を運ぶ

お相手がアーティストの方であれば、展覧会場に行くのもおすすめです。ご本人と直接会話できる機会もあるかもしれませんし、そうでなくても関係者の方とコミュニケーションを図る機会があるからです。アートという性質上、高額すぎて作品の購入はできないことの方が多いですが、来場だけでも喜んでもらえることは思いのほか多いものです。画集やポストカードを購入するのも良いでしょう。

ニューヨーク在住の現代美術家・松山智一さんとお目にかかれたのも、作品展のおかげでした。きっかけとなったのは、書店で手に取った『美術手帖』(2021年6月号/美術出版社)での彼の特集でした。松山さんは美術を専門的に学んだ経験を持たず2002年に渡米。独学で自身の表現様式を確立。キース・ヘリングやバンクシーなど名だたるアーティストが作品を発表してきたニューヨークのバワリー・ミューラルでの壁画制作や、上海・龍美術館で個展を開催、マイクロソフトやドバイ首長国王室に作品がコレクションされるなど、業界で異彩を放つ存在です。

こうした彼のバックグラウンドだけでも十分に魅力的でしたが、最も惹かれたのは古今東西の様々なモチーフをサンプリングして画面を構成する独自の作風でした。

幻想的な作品の数々はどれもカラフル。それでいて非常にスタイリッシュなものでした。個性的でありながら、どの作品を見ても一目で松山さんの作品だとわかる。誌面に紹介されていたほんのわずかな作品群を見ただけで、です。これまでの人生で見てきたどのアートにもない、まるで異星生まれの作品のようでありながら、それでいて心地よく体になじむ感覚……こんな魔法をかけられる松山智一とはいかなる人物なのか。その本質とマインドに迫りたい。

僕のなかにむくむくと湧き上がってくる「お目にかかりたい」衝動。ですがアートの世界は、作家の方とコンタクトをとることが他の業界に比べ容易ではないと、過去の経験から分かっていました。特にお相手が著名な作家の場合、ギャラリーが窓口となっていたり、個人マネージャーがついていたりすることも珍しくなく、会うための道のりは一層険しいものとなります。とはいえ、尻込みしても始まりません。

さて、どうするか。まずは彼の公式サイトを見てみます。するとコンタクトフォームがありました。松山さんのような世界で注目を浴びるアーティストの場合、そもそも連絡先が明記されていないこともあるので、ありがたい限りです。

しかし、この段階でアポをとることを僕はしませんでした。なぜか――肝心の松山さんの作品を「生」で見ていないからです。そういえば『美術手帖』に松山さんの個展情報が出ていたような……。日付を確認するとあと数日だけ六本木で開催中とのことでした。これは急がなくては。会場にはひょっとするとご本人もいらっしゃるかもしれません。そんな期待を抱きながら、個展会場がある六本木のギャラリーへ。朝一番で訪れたため、運良く僕が最初の来場者でした。実際に見る松山さんの作品の数々。とりわけ、彼の代表的なモチーフである騎馬像のシリーズ『Spiracles No Surprises』は圧巻。数え切れないほどの色彩と多彩な柄が施されているのに、感じられるのは完全なる調和。自分が宇宙空間に漂っているかのような感覚に陥ったことを鮮明に覚えています。これまで国内外で様々な美術作品を見てきましたが、購入して手元に置いておきたいと思ったのは生まれて初めてでした。僕は僭越ながら、インタビューを通してさらに多くの人に松山さんの作品に触れていただけたらと感じました。

会場に個展を主催するギャラリーの担当者と思しき女性（以下Dさん）がいらっしゃったので、『美術手帖』で彼と作品、そしてこの展覧会を知ったこと、実際に作品を見て感銘を受けたことを伝え、個展を開いてくださったことのお礼を述べました。

するとすると彼女はうれしそうに「ありがとうございます。松山さん、初日はアーティストトークでいらっしゃったんです」と話してくださいました。

「そうだったんですね。直接お目にかかってみたかったです。会期中にまたトークの予定はありますか」と僕がうかがうと、「残念ながら、松山さんはもうニューヨークにお戻りになりました。次の来日は未定です」とDさん。

僕は思い切って素性を明かし、自分のメディアで松山さんにインタビューを依頼することが可能かどうかをご相談しました。一瞬驚いたご様子でしたが、彼女は笑顔で名刺をくださり「先ほど申し上げました通り、次の帰国はいつになるかわかりませんが、それでも大丈夫でしょうか。いずれにしても企画をいただければ彼にお話ししてみます」と答えてくださいました。

時はコロナ禍。「直接会う」が主義の僕でも、無理は言えません。「リアルでお目にかかれれば一番ですが、ご希望であればZoomなどオンラインでももちろん問題ありません。インタビューの機会をいただけるのなら、たとえ半年、1年でも喜んでお待ち申し上げます」とお伝えしました。

その上で僕は、翌々日には企画概要をまとめDさんにメールで送付することをお伝えして会場を後にしました。後日Dさんにお送りしたメールは以下の通りです。

Dさま

お世話になっております。

一昨日の朝、貴ギャラリーでご挨拶させて頂いた早川洋平と申します。松山さまへのインタビューにつきまして、突然のご相談にもかかわらずご丁寧にご対応頂きありがとうございました。早速ですが、インタビュー概要をまとめさせて頂きました。お忙しいところ恐縮でございますが、添付書類にお目通し頂けましたら幸いです。

詳細は概要にございますが、もし今月中にインタビューの機会を頂けるようでしたら、貴ギャラリーで開催中の本個展についてもぜひお話を伺えましたら幸甚です（『River To The Bank』（註：松山さんの作品名）、実際に拝見してさらに虜《とりこ》になってしまいました）。

松山さまが『美術手帖』のインタビューで仰っていた『アートという気高くて絶対的な存在を、ボトムアップで少しでもより身近なものにしたい』というメッセージ、大変僭越ですが私も同じ思いから以前横浜美術館の番組をプロデュースしていたことがあり、大変共感いたしました。微力かつ僭越ではございますが、もし今回お話を伺う機会を頂けましたら、一人でも多くの方に松山さまの活動や作品はもちろん、アートそのものにさらに触れて頂く一助になりたいと思っております。

ご不明な点、ご要望等ございましたらお気軽にお問い合わせくださいませ。お忙しいところ誠に恐れ入りますが、ご検討頂けましたら幸いです。

何卒よろしくお願いいたします。

早川洋平

ほどなくしてDさんから「メール拝受しました。またご連絡させていただきます」とのお返事。現状僕にできるのは待つことだけです。それから待ち続けること1週間、2週間……その間、不安がなかったといえば嘘になりますが、NGだった

ら、その時はその時。どうすればいいかはそこから考えればいい。そんな思いを抱きつつ、1カ月近く経った頃。Dさんからメッセージが届きます。

「こんにちは。長らくお待たせしましたが、先方からインタビューをお引き受けしたいとの連絡がありました」

正直、これまでのキャリアの中で1カ月ほどお返事を待ってからOKのご連絡をいただくという経験はありませんでした。それだけに思わず熱いものがこみあげてきます。僕はDさんに丁重にお礼を伝え、松山さん側と直接やりとりさせていただくことに。さっそくご挨拶メールを先方にお送りすると、マネージャーの方から「松山はNY在住のため、オンラインでの取材でお願いできますと幸いです。時差のため、NYの午前中ですと日本が夜分遅くになる可能性もございますが、そのあたりの時間帯は大丈夫でしょうか?」との丁寧なお返事が届きます。コロナの影響でNYに行くのが難しい状況であっただけに、こちらとしてもありがたいことこの上ありません。もちろん問題ない旨をお伝えすると、数日後にはさらに上席と思しき方からメールが届きます。

早川様
お世話になっております。■■と申します。●●からのご連絡と重複する形となりまして申し訳ございません。○月に日本出張がございます。もちろん、●●からお送りしたスケジュールでZoomでのインタビューも可能ではございますが、直接お会いしてお話をさせていただいた方がより深度のあるコミュニケーションが可能になるのではないかと思いご連絡させていただきました。

静まり返った早朝の自宅で、僕は思わずガッツポーズをしてしまいました。貴重な時間を割いていただけるだけでもありがたいのに、帰国時に対面の機会をいただけるとは――先方の深く濃《こま》やかな気づかいにはただただ頭が下がるばかりでした。
そして何より忘れてはいけないのは、ギャラリーのDさんの存在です。直接お話ししたのは先の1回限り。それも5分足らずです。いくらギャラリーで扱う作品のアーティストへの取材依頼とはいえ、こちらの気持ちを受け止めて真摯に対応してくださった彼女のご尽力には感謝しかありません。

今回のように「リアルの場」に足を運ぶことは、ときに時間もお金もかかるかもしれません。もちろん緊張もします。でも直接対峙するからこそ、あなたがどういう人間か、どんな思いで相手にお目にかかりたいと思っているか、どう役に立てるのか、言葉にならない思いや情報まで細かくお伝えすることができます。お相手とつながりがない時ほど、勇気を出してリアルなコミュニケーションを図ってみる。それが「会う」機会を飛躍的に増やしてくれることを心に留めていただけたら幸いです。

直接型のポイント②まっさらからの申し込みにもチャンスはある

これは文字通り、先方と何もつながりがないまっさらな状態からアポイントを取る手法です。メディア関係者や大企業の看板を背負える人ならまだしも、「個人の自分にはとても無理」と感じる方もいるかもしれません（僕もそうでした）が、その心配はいったん脇に置き、この先を読み進めていただけたら幸いです。

髙田明さん（ジャパネットたかた創業者）、松田公太さん（タリーズコーヒージャパン創業者）、池谷《いけがや》裕二さん（脳研究者）……振り返れば僕自身もかなりの数の方にこの方法でお目にかかってきました。しかも、人脈も実績もゼロだった駆け出し時代の方がゼロから相手にお目にかかった機会は多いくらいです。自分がどんなに無名であれ、お相手がどんなに有名な方であれ、意義や情熱を感じてもらうことができれば、お目にかかる機会は十分にあります。

最も参考にしてもらえるのでは、と僕が考えるのは上場企業の経営者Cさんへのアポ取りです。今から15年ほど前のことでした。起業直後に著作を読んで影響を受けていた僕にとっては、メディアからひっぱりだこ。当時飛ぶ鳥を落とす勢いだった彼は、メディアからひっぱりだこ。いつか必ず会いたい存在でした。いっぽうで僕の話を聞いた周囲の知人たちが一様に「そんなの無理だ」と苦笑していたことを思い出します。

しかし何事にも絶対はないと信じていた僕は、王道のアプローチを試みました。彼の会社のWebサイトから直接取材依頼を出したのです。当時の僕にとってはこれしか手段がなかった、と言う方が正確かもしれません。取材内容はシンプル。Cさんに人生のターニングポイントをうかがうというものだったと記憶しています。

すると数日後には、広報の女性からこんなお返事のメールをいただきました。

「この度はご依頼ありがとうございます。大変ありがたいお話なのですが、Cは現在多忙を極めており、残念ですが今回はお断りさせてください」

とても丁重な文面でしたが、ここで諦めるわけにはいきません。これまで経験したことのないような緊張と戦いながら、思い切ってメールの署名にあった彼女の直通番号に電話をかけました。そして、取材を検討してくださったお礼を述べたうえで、「自分がなぜこの企画を提案したのか。どうすれば今後インタビューを受けていただける可能性があるのか」をなるべくていねいに、慎重にうかがいました。

その当時、彼女のもとには星の数ほど取材依頼があったでしょうし、NG回答をすることも多かったことと思います。しかし、「お断り」の後に直接電話をかけてくる僕のような相手はそうそういなかったようで、電話口に出た彼女は驚いているようでした。数秒の沈黙を経て彼女はこう答えてくれました。

「大変申し上げにくいのですが、Cは時間対効果を考えてメディアに出演させていただいております」

確かにCさんは大手メディアの取材はいくつか受けていました。もちろん僕の番組では、影響力や実績に劣るのは動かしがたい事実。情熱だけが先走り、今考えれば企画内容も甘かった自分が、彼らと同じ土俵に立って勝負になるはずもありません。

僕は、もっとCさんや広報の方が意義を感じてくれる取材テーマはないだろうかと、わずか数秒の間に思いを巡らしました。そこで浮かんだのが彼の著作に関するインタビューです。アポ当時、Cさんに新刊の予定はありませんでした。しかし、以前足を運んだ彼の講演会でのこんな話を思い出したのです。

「僕の講演料は高いんです（笑）。でもそれはいただいたお金を教育の機会に恵まれない海外の子どもたちのための学校設立資金にあてたいから。僕が本を書くのもその印税を同様の目的に使いたいからなんです」

すでに刊行されていた彼の著書にも、巻末に必ずその旨が書かれていました。僕は広報の女性にこうお伝えしました。

「それではCさんが次に新刊をリリースされるタイミングであれば、再度ご検討いただくことは可能でしょうか。僭越ながら私の番組には、『本好き』のリスナーさんが国内外に数多くいます。ですから刊行時にインタビューを配信できれば、彼らにCさんの思いを届けると同時に、新刊やその他の著作を購入していただく機会にもつながると思っております」

次の瞬間、彼女の表情がそれまでとは一転、やわらかくなるのが電話口からも分かりました。

「ありがとうございます。そのように仰るということは、ご存じのようですね。Cが本を書くのは海外の子どもたちの学校設立のためです。想いは承りました。新刊リリース時であれば可能性はあると思いますので、またお声かけいただけますでしょうか」

もちろんこの時点で、取材のOKをいただいたわけではありません。社交辞令では？　と感じる方もいるかもしれません。しかし電話越しとはいえ、伝わってくる彼女の声に偽りは感じられませんでした。となれば、僕自身の人間力とメディアの力を高めながらその時を待つしかない——そう決めて電話を終えました。

そして半年ほど経った頃でしょうか。Cさんが新刊を出すことを知った僕は、広報の女性に連絡をしました。すると「再度のご依頼ありがとうございます。気にかけていただきうれしく思います。ご取材、喜んで受けさせていただきますね」と快諾のお返事をいただくことができました。

この経験から学んだのは、リサーチはアポ取りのさなかにあってもできるということ。お相手や関係者と直接やりとりするからこそ、事前リサーチだけでは見えてこない先方の想いやニーズを汲み取る機会にも恵まれます。なぜNGだったのかを丁寧に、かつ率直にうかがってみる。メールだけだと思いを推し量るのは難しいなと感じたり、こちらの意図が伝わり切っていないなと感じたりしたら、できるだけリアルに近い手段でコミュニケーションを図ってみることをおすすめします。

もちろん、一度断られたお相手に電話をかけるのはとてつもなく緊張するものです。しかし、勇気を出してこのリアクションをとれるかどうかが、特にゼロからアポ取りする場合に成否を分けるのも事実です。メールでやりとりしたとはいえ、先方にとってあなたはまだ一度も会ったことのない、どこの誰だかわからない存在です。でもだからこそ、文字だけでなく肉声を通してあなたがどういう人間か、より多くの情報をお伝えすることが大切になってきます。

では、NG理由をうかがっても明確にお答えいただけなかったり、そもそも電話に応答いただけなかったりする場合はどうすればよいでしょうか——そんな時、しつこく理由をうかがったり、何度もご連絡したりするのはもってのほかです。なぜうまくいかなかったのかを改めて自分で考え抜くこと。加えて、誰かに客観的な意見をもらうこともおすすめします。その「誰か」はあなたに忖度しない相手が良いでしょう。耳が痛いことも言われるかもしれません。しかし、その声と真摯に向き合い、改善を施してアポ取りにリトライしてみること。そして、たとえ一度や二度ダメでもこれを愚直に繰り返していくことが大切です。

直接型のポイント③わずかな接点でも「接点」に変わりはない

仕事やプライベートを通じて過去にお相手と少しでも接点があれば、改めて個別にお目にかかるチャンスはあります。「パーティの場に一緒にいた」「ともに○○会議のメンバーだった」など、弱いつながりでも構いません。

例えば石田衣良さんと僕とのケースがこれにあたります。よく「どうやって石田先生と懇意になられたのですか」と聞かれます。もっともな疑問ですよね。僕たち個人が小説家の方に直接コンタクトをとることは一般的には容易ではありません。たとえ彼らがSNSや公式サイトを開設していても、ダイレクトメッセージは送れなかったり、マネジメントしている会社やスタッフ、編集者の方がいたりするケースが多いからです。まして衣良さんのように長きにわたり活躍している方となれば、ハードルはいっそう高くなるのが常です。

では、僕はどのようにして彼に会うことができたのか。役立ったのは会社員時代の経験でした。あれはまだ広告制作会社に勤務していた20代前半の頃。大手メディアの企画で僕の先輩が衣良さんに取材することになり、僕はアポ取りを任されました。会社としてはこれまで何度も彼に取材していたので、僕は社内で事務所の連絡先を聞き企画書を送付。秘書の方からスムーズに快諾のお返事をいただき、僕は先輩の取材に同行できることになりました。

自宅兼事務所で初めてお目にかかった衣良さんは穏やかで軽快でありつつ、鋭く本質をつく視点を持っていて、感服したことをよく覚えています。しかし何より印象的だったのは、当日5件以上取材が入っているという超多忙なスケジュールにあっても、イヤな顔ひとつせずに僕たちを客人のようにもてなしてくださったことです。先輩の陰に隠れていただけの僕に対しても「ご苦労様です。頑張ってね」とねぎらいの言葉をかけてくださったことが今でも忘れられません。

取材後、僕は不遜にも「衣良さんはたとえ会社の看板がなかったとしても、提案力と情熱があれば、個人的にもお目にかかる機会をくださるのでは」と感じたことを覚えています。起業はおろか、まだまだ駆け出しの会社員ライターだった僕にそう思わせてしまうくらい、相手や気分で物事を判断しない非常にフラットでフェアな方でした。

3年後、僕は会社を辞めて本の著者にインタビューするポッドキャストを始めていました。番組はスタート2年目に入り、国内外でそれなりの数のリスナーに聴いていただいていたとはいえ、一般的にはまだまだ無名の存在です。大手メディアの看板と先輩の陰に隠れてお目にかかった3年前に比べると、何の後ろ盾もない状況。それでも思い切って衣良さんにアポを試みます。僕が唯一持っていたのは、「先輩の取材同行でお目にかかったことがある」というほんのわずかな接点だけでした。

3年ぶりに事務所に電話をかけた時の緊張を決して忘れることができません。勇気をふりしぼって押した番号。ほどなくして受話器から聞こえる女性の声。幸いにも秘書の方は3年前と変わっていませんでした。これはチャンス。そう思った僕は切り出しました。

「以前〇〇の企画で取材させていただいた早川洋平と申します。その節は大変お世話になり、ありがとうございました。実はあれから独立し、現在はインターネットラジオ番組『人生を変える一冊』を運営しております。この度は、石田衣良さんに番組にご登場いただき、ご著書『40　翼ふたたび』についてお話しいただきたく、ご連絡させていただきました。ご依頼のいちばんの理由は、『人はいくつになってもやりなおすことができる』という光を本書が与えてくれるということ。脱サラしてプロデュース業を始めた40歳の主人公の元を訪れる同じく40代の依頼人たち。『凋落したIT企業の社長』『やりての銀行マン』『引きこもり』……生きることの困難に直面しながらも、『再生』への道を歩んでいく登場人物たちの姿には、本番組のコアリスナーである40代の方はもちろん、世代を超えて多くの方が勇気をもらえるに違いないと強く感じました。

そんな私たちの人生を変えうる1冊を書いてくださった石田さんに、本書に込めた思いとご自身が40代の頃にどんな状況で何を考えていらっしゃったか、そして石田さんの作品に通底する『鋭く時代を切り取りつつ、優しくさわやかな読後感をもたらす』源泉はどこにあるのか、直接お話をうかがいたくご依頼させていただいた次第です。

また、私事で恐縮ですが私は現在30歳で主人公と同じ『脱サラしてプロデュース業を始めた』ばかり。主人公や登場人物、コアリスナーの方は40代。そして石田さんは40代をまさに終えられたばかりの50歳。三つの年代を超えて展開されるインタビューをもし実現させていただけるなら、何か面白い化学反応が起こるのではないかと、僭越ながら予感しております。そして何より、石田さんの肉声によるメッセージを国内外のリスナーにお届けし、一人でも多くの方に本書を読んでいただくことで、微力ながらリーマンショックを経て暗い話題にまみれがちな世の中に一筋の光を与える一助になりたいと思っております。ご多忙のところ、突然のご相談で恐縮ですが、何卒ご検討いただけませんでしょうか」

何者でもない一個人からのいきなりの連絡にもかかわらず、秘書の方のとてもていねいな対応は以前と全く変わらず。数日後には取材快諾のお返事をいただくことができました。

そして実現したインタビュー。3年前以上に盛り上がり、取材後には番組への応援メッセージまでいただくことができました。その時は感謝とともに、なぜ自分のような者にここまでしてくれるのかと恐縮したものです。

今になって思うのは、どんな分野であれ第一線に立ち続けている方の多くは、不器用でもがむしゃらに何かに取り組んでいる人を応援したり、おもしろがったりしてくれるメンタリティを持っているのでは――ということです。

この時の僕は、どこか受け身で取材に臨んでいた会社員時代とは180度異なる状況。アポ取りから準備、本番まで全てを自分一人で臨みました。365日、背水の陣。少なくとも本気度だけは伝えられたのではないかと思います。

そんな夢のようなインタビューが実現し、終わりに差しかかる頃、僕はまたひとつ夢を見てしまいました。それは、「いつか衣良さんと何か一緒に仕事がしたい」。とても抽象的でしたが、取材のような単発の関わりではなく、継続的にご一緒できる何かをしたいというイメージだけはありました。

しかし、いかに図々しい僕とはいえ、その場でその想いは口にしませんでした。当日の僕はその日の取材が全て。その先のことまで準備はできていませんでした。正直「この場で何かをひねり出さないと、もうお目にかかる機会はないかもしれない」との不安もありました。しかし僕には、その場で彼を納得させるような企画を出す力は残念ながらありません。はやる気持ちをおさえ、「今はその時ではない」と、ご自宅を後にしました。

「その時」が来たのは、5年後のこと。僕は前年末に出た彼の新刊を読みながら「今かもしれない」と感じました。それは文字通り感覚的なものに過ぎません。見えていたのは「本の世界を盛り上げるためのコンテンツ」というビジョンのみで、企画レベルにまでは落とし込めていませんでした。

ただ一方で、「新刊に関するインタビュー」ならばお役に立てるかもしれないとも思いました。そこで僕は3度目のインタビューを依頼しました。秘書の方が僕を覚えていてくださったこともあり、新年早々彼にお目にかかる運びとなりました。

5年ぶりに再会した衣良さんは相変わらず気さくに接してくださり、物腰もやわらか。前回同様、インタビューは終始リラックスした雰囲気のもと進みました。しかし、前回と違ったのはインタビュー後です。

僕が漠然と思い描いていた「本の世界を盛り上げるためのコンテンツ」の話をすると、衣良さんは驚くほど真剣に耳を傾けてくださったのです。実は彼自身も出版界の未来を案じており「事態を打破するために何かできないか。新風を巻き起こせないか。ずっと考えていた」とのことだったのです。

気付かないうちに、僕たちはその場であゝでもないこうでもないと「企画会議」を始めていました。こうして生まれたのが現在も続くインターネット番組『大人の放課後ラジオ』です。

後年、衣良さんにうかがったことがあります。

「どうしてあの時、いっしょにプロジェクトを始めようと思ったのですか」

彼といっしょに仕事をしたいと思う人はそれこそ星の数ほどいるはずです。それなのになぜ無名の自分と……？　衣良さんから返ってきたのは何ともシンプルな答えでした。

「今まで本気でそんな提案をしてくれた人がいなかったからだよ」

一瞬、耳を疑いました。しかし彼がこういう時に冗談を言わないことは、これまでのお付き合いから良くわかっていました。

「もちろん業界の内外問わず優秀な人はたくさんいるけれど、多くの人が組織の中ではなかなか自由に動けず、挑戦もしにくくなっているように感じるんだ。だから洋平くんのように何にも縛られず、独立した立場で積極的に行動できる人は稀少なんだ」と衣良さん。

過分なお言葉に恐縮しつつも、素直な喜びと驚きもありました。それは自分のように業界のイロハや常識を知らない素人でも、一度直接お目にかかることができれば、彼のようなトップランナーと何かをご一緒するチャンスはあるということです。

紹介は「お願い」してはいけない

次に「紹介型」のアポ取りについて詳しくお伝えします。

紹介型のアポ取りを実践する前に、絶対に覚えておかなければならない基本があります。

「お願いをしてはいけない」ということです。

紹介なのにお願いをしてはいけないの？　と思う方もいらっしゃるかもしれません。一歩引いて考えてみましょう。「紹介してもらう」とは、紹介者がお相手と時間をかけて育んできた人間関係に「相乗り」させていただくようなものです。たとえあなたが紹介者とどんなに懇意だとしても、あくまで「おうかがい」や「ご相談」の姿勢で臨みましょう。　紹介はここ一番で抜く「伝家の宝刀」のように考えていただければと思います。

紹介型のポイント①タイミングを考える

では、幸いにもあなたがお目にかかりたい方とつながっている方が周囲にいた場合、どのようにご相談していけば良いでしょうか。カギは、どこまでも時間をかけて、ていねいに、です。

ファッションブランド「KENZO」の創始者、故・高田賢三さんへのインタビューの道のりがこのケースでした。

2018年1月。僕はパリにいました。彼に取材することになっていたからです。ファッションに明るいわけでもなく、特別なコネクションがあるわけでもない自分が、なぜ世界的に著名な賢三さんにお目にかかる機会を得られたのか。

それはパリの人気レストラン「TOYO」のオーナーシェフ中山豊光さんのおかげにほかなりません。賢三さんの専属料理人を7年務めた彼は、独立してもなお賢三さんとの深い親交が続いていました。

そんなお二人の関係性を知ったのは、今から12年前。当時僕が刊行していた月刊オーディオマガジン『COSMOPOLITAN』での中山さんへのインタビューでした。

「賢三さんならきっと早川さんのインタビューを受けてくれると思いますよ」

インタビュー終了後に期せずして発せられた彼からのひとことに「ぜひ紹介していただけないでしょうか」という言葉がのどまで出かかりましたが、僕はすんでのところでのみ込みました。世界的なファッションブランドの創始者。インタビュアーなら、誰もが話を聞いてみたい方です。しかし僕はこの時点では紹介のご相談をしませんでした。


なぜならこの場は、忙しいなか時間を割いてくださっている中山さんとのインタビューの場だからです。僕は賢三さんのご紹介を期待して、彼に会いに行ったわけではありません。ただただ中山さんのお話をうかがいたかった。だから、僕は感謝の気持ちを込めつつ、こう言いました。

「ありがとうございます。そう言っていただけると励みになります。しっかりと企画を立てて、しかるべきタイミングが来ましたらまたご相談にのっていただけたら幸いです」

4年後。僕は新たに始めるインタビューマガジン創刊号のゲストとして、賢三さんにインタビューする機会をいただきました。参考までに企画書の一部をご紹介します。

【取材テーマ】冒険心

2000年代も早17年。21世紀はその甘美な響きとは裏腹に、世界を震撼させる米同時多発テロで幕を開け、私たちも東日本大震災を経験。原発問題にも直面しました。そしてイスラム国による日本人拘束事件。ここ数年を振り返るだけでも、日本と日本人を取り巻く環境はいっそう厳しくなっています。

そして雇用問題。「誰にでもできる」仕事の多くは、外国の方にとってかわられつつある一方、AIの台頭により今ある職業の半数近くが今後10〜20年後になくなる——そんな予測も出始めています。

しかし、そんな時代や環境にあっても「夢」を生き続けている人がいるのも事実です。では、夢が「夢で終わる人」と「現実に変わる人」の違いは何か——それは「これだ！」と思ったら、リスクを恐れず飛び込む勇気。言いかえれば「冒険心」ではないだろうか。編集部内ではそんな声が飛び交いました。その瞬間、真っ先に私の中に出てきたのが髙田様でした。

「男子初募集」の洋裁学校への入学、看板店での住み込み、休職しての船でのパリ行き、帰国間際のオートクチュール店「ルイ・フェロー」への飛び込み、パリコレの話題をさらった70年代エスニックのコレクション、映画監督への挑戦、パリにいながらも日本が感じられる理想のご自宅づくり、五輪ユニフォーム、倒産、西洋と東洋の文化を融合したバカラとのコラボレーション……本テーマの適任者は、まさに「冒険」ともいうべき人生を体現されてきた髙田様をおいてほかにはいらっしゃいませんでした。

天変地異、世界情勢、職業や経済の先行き不安……多くの人が「安定」を求めてリスクを取らない今だからこそ、「冒険心を持つこと」や「夢を描くこと」の大切さについてうかがい、世の中に伝えたい——今を懸命に生きる日本人と未来の子どもたちのために、どうかお力をお貸しいただけませんでしょうか。パリは

――もちろん世界のどこへでもうかがう所存です。ご多忙のところ誠に恐縮ですが、ご検討いただけましたら幸甚でございます。

この企画書を添えた満を持してのご相談に、中山さんは多忙にもかかわらず惜しみなくサポートしてくださいました。器の大きな中山さんのこと。12年前のインタビューの際に素直に紹介のご相談をしても、尽力くださったことと思います。あっさりと実現していたかもしれません。しかし、僕はこの4年が無駄だったとは決して思いません。手に入る賢三さんのインタビュー全てにじっくり目を通したうえで、なぜ賢三さんにお目にかかりたいのか、しっかりと企画に落とし込む時間が得られたからです。

また、紹介には大きな責任がともないます。まして賢三さんは中山さんにとってかけがえのない存在。そんなお二人の関係性を知っていたからこそ、安易にご紹介をご相談するわけにはいきませんでした。

思い返せばそもそも中山さんとの出会いも前述のメレ安芸さんからのご紹介。彼女はもともと僕がプロデュースする番組のリスナーでした。

改めて思うのは、目の前の縁をひとつひとつゆっくりじっくりとあたためていくことの大切さ。それが人生を変える出会いをいただくことにつながっていくのだと感じています。

人間関係が一朝一夕に築けないのと同様、アポ取りも時短はできません。特にこちらから紹介のご相談をする場合ほど、急がば回れの精神を忘れずに。楽しみながらひとつひとつの行程にていねいに取り組んでいただけたらと思います。

紹介型のポイント②いつでも・どこでも想いを語る

そもそも紹介してもらえないかご相談する相手がいない場合はどうしたらいいのか――そう思った方もいるかもしれません。そこで思わぬ効果を発揮するのが「この人にお目にかかりたい」と日頃から周囲に「公言する」ことです。公言するのはプライベートでも仕事の場でも構いません。

ただし「○○さんに会いたい！　会いたい！」「もし○○さんとつながりがある人はぜひお知らせください」というスタンスにならないこと。これでは紹介を「お願い」していることと同じです。

大切なのはなぜその方にお目にかかりたいのか、どう役に立ちたいのかも含めて純粋に語るだけに留めること。そして、誰かに何かを要求するような物言いにならないことです。それが、時として思わぬところから紹介の機会を運んでくれます。

国内外で活躍するアーティストのKさんにお目にかかれたのも、ご紹介のおかげでした。始まりは僕が主宰するイベントの参加者の友人が経営するお店が、たまたまKさんの行きつけだったこと。僕は3年間、Kさんに会いたいと願い続けていました。あらゆるパブリックリサーチを行い、講演会があると知れば、すべて参加してきました。しかしアポ取りはおろか、コンタクト先の発見すらままなりません。それでも僕は諦めきれませんでした。

そんな中いつも僕は、主宰イベントや友人との会話で「いつの日かKさんにインタビューし、価値ある話を世の中に届けたい」と想いを語っていました。時間や場所にとらわれず世界を旅しながら創作をすること。利他の精神を持ち続けること……彼のこうした生き方に自分がどれだけ影響を受けてきたか。そしてもし自分の番組でインタビューすることができたら、リスナーの方も人生をアップデートすることができるのではないか——当時いたるところでそう話していたように思います。

こうした想いを知ったイベント参加者の方が、お店の方に僕のことを話してくださり、「良かったらKさんに早川さんのことを話してみましょうか？」というありがたいご紹介のお申し出をいただくことになったのです。

僕はお店の方を介してKさんにインタビューのご相談をする際、想いをそのままお伝えしました。

振り返ると、Kさんにお目にかかれたのは「たまたま」僕のイベントに参加してくださった方が「たまたま」Kさんが通うお店の方とご友人だったからです。その「たまたま」が何の縁もゆかりもない遥か遠くにいたKさんと僕を結びつけてくれました。

以前、現サッカー日本代表監督の森保一さんにインタビューすることができたのも「たまたま」僕が地域でお世話になっていたある方が「たまたま」彼と知人だったからです。森保さんの場合は、Kさんのように二人を介してではなくたった一人を介して、でした。

このように紹介の機会はどこにあるかわかりません。だからこそ僕たちにできるのは、いつでもどこでも誰に対してもできるだけ良識と誠実さを持って接すること。

日々これをどれだけ実行できるかが、本当に大切になってくると思います。

紹介型のポイント③リマインドは控える

紹介において、意外に多いのが「誰か会いたい人はいますか。自分が知っている人であれば紹介しますよ」という、ありがたいお申し出です。そんなことあるの？ といぶかる方もいらっしゃるかもしれません。しかし、「何らかの志を持って誰かに会うこと」を続けていると、このようなオファーをいただく機会は思いのほか多いものです。

それゆえ、僕はいつどこで誰に紹介のお申し出をいただいても対応ができるよう「会いたい人リスト」を持ち歩くようにしています。手帳でも、ノートでもすぐに出せれば構いません。更新の容易さと携帯性を鑑みて、スマホのメモアプリを活用するのも良いと思います。

なお誰かにお目にかかる際は、第1章でも少しお伝えした通り、リサーチの段階で誰と交流が深いかをできるだけ調べておくとより紹介の機会が広がるでしょう。判明した交友関係者のなかに「会いたい人リスト」と合致する人がいれば、お相手が紹介を申し出てくれた際に素直にご相談できるからです。ただし、その方と現在関係性が良好ではない人物の名前を挙げて紹介を相談してしまう（地雷点を踏む）ことのないように事前リサーチはくれぐれもぬかりなく。

もうひとつ注意点を。「○○さんを紹介しますね」と申し出ていただいたものの、その後待てど暮らせど連絡がないということや、紹介者はお相手に連絡を取ってくださったものの先方からなかなかお返事がなく……というケースもあります。紹介していただいた手前、こちらから積極的におうかがいを立てるのは絶対にNG。ひとたび動き出したらその後は基本的に待つしかない一面があることも理解していただけたらと思います。だからこそ「伝家の宝刀」なのです。

紹介型のポイント④時には勇気をもって断る

「紹介の申し出」においてもうひとつ気をつけていただきたいことがあります。それは、その場の勢いで安易にお相手からの紹介を受けてしまう可能性があることです。

もちろん多くの場合、紹介者は純粋にあなたの力になれたらと申し出てくれているでしょう。だからといって「紹介するよ」と挙げられた方がみな、あなたがお目にかかりたい方とは限りません。もちろん会いたい人リストにない方でも、その場であなたがお目にかかりたいと心から思えるのであれば、ありがたくお受けしてもよいでしょう。ですが、もしそうでないとしたら……時には勇気をもって辞退することも必要です。

それはさすがに失礼ではと思う方もいるかもしれません。もちろん、その時は少々気まずい思いもするかもしれません。ですが、安請け合いしてしまうと、結局は紹介者やお相手の時間と気持ちを損ねてしまいかねません。そう考えると、辞退することはむしろ誠実な対応だと僕は思うのです。

例えばもし、あなたが何らかのプロジェクトの一環として人と会う活動をしており、お名前に挙がった方がそのコンセプトとマッチするか自信がない場合は、感謝の意は示しつつ、正直にその旨をお伝えすれば良いと思います。

それでも抵抗がある方はこう考えてみましょう。もしあなたが紹介を申し出る側だったら？　相手に辞退されたら一瞬とまどうかもしれません。でも次の瞬間にはどうでしょう。「確固たる理念があってプロジェクトを進めている」「自分の意志をしっかり持っているな」と、むしろ感心したり応援したくなったりするのではないでしょうか。少なくとも僕ならそう感じると思います。

いずれにしても、申し出に対して礼を尽くしたいのであれば、その場でお礼を述べるのはもちろん、改めてお礼の手紙を書いたり、食事にお誘いしたり、贈り物をしたり、できることは他にもあります。お相手に悪いから、と申し出をそのまま受けることだけが礼を尽くすことではありません。

とはいえ、相手との関係性やその場の空気からどうしても申し出を断れないこともあるかもしれません。その場合は、紹介していただいた相手にお目にかかる前にできるだけ準備をしておきましょう。一番のポイントはやはり、自分との共通点を見つけておくこと。どれだけ住む世界や価値観が違うように見えるお相手でも、リサーチをすればひとつやふたつは共通点があるはず。まして紹介者の方に相談すればお相手についての情報を持っていることは間違いありません。喜んで協力してくれるはずです。僕自身、そうした状態でお目にかかったら、意外なほどお相手と意気投合してしまったということもあります。

「知人から紹介」「公言から紹介」「申し出を受けて紹介」……ここまでさまざまな紹介のパターンを挙げてきましたが、いずれにおいても忘れてはならないのは、こちらから「この方」と思い定めて「会いに行く」ということ。直接アポイントだけでなく紹介においてもこの大原則を忘れないようにしましょう。

《コラム》謝礼・手土産の流儀

お目にかかる方へのお礼はどう考えればいいですか？

この仕事をしていて僕がよく聞かれることのひとつです。相手の貴重なお時間をいただくのですから、悩みますよね。謝礼？　物品？　手紙？　……これだ！　と言い切ることができればいいのですが、残念ながらこればかりはケースバイケースというのが正直なところです。僕も今でも悩みます。

とはいえ、これまでの経験を踏まえて僕なりの基準のようなものはあります。全ての方に当てはまる正解というわけではないと思いますが、少しでもご参考になれば幸いです。

お礼①謝礼

お目にかかりたい理由や状況が個人的なことであれ、仕事に関連したことであれ、シンプルにお支払いできる金額をお伝えし、ご相談するのが一番だと思います。もしくは、「謝礼はどのくらいご用意させていただけば良いでしょうか」とこちらからうかがっても問題ないと僕は思います。

どのくらいの金額が妥当なのかは、お相手しかわかりません。いずれにせよ、自分一人でああでもないこうでもないと悩むよりも、率直にご相談してみましょう。

「人前に出ることが仕事」の方たち——特に事務所に所属するようなアーティストや作家、アスリートの方といった著名人や日頃講演をされているような各界のプロフェッショナルの方などにお目にかかるとなると、アポ取りの際に「謝礼（ギャラ）はいくらですか」と単刀直入に聞かれることも珍しくありません。

先方が提示した金額をお支払いするのが難しい場合——個人で依頼する場合や非営利のプロジェクトなどはこうしたケースが多いかもしれません——はどうしたら良いでしょうか。そんな時も正直に予算額をお伝えすれば良いと僕は思います。ただし、その場合はお相手に提供できる「金銭以外の価値」もあわせてお伝えすること。活動のPRかもしれませんし、イベントのお手伝い、もしくはあなたの「得意」や「好き」から生み出した何らかの提案かもしれません。事前リサーチをしっかりすると、お相手がどんなことなら喜んでくれるか、思いつくはずです。そうでなければこの段階でも遅くありません。さらにリサーチしましょう。

それでもお返事がNGの場合、僕なら検討していただいたことにお礼を述べ、その時はあきらめます。ですが、失意のどん底には陥りません。なぜなら次のチャンスのためにとれるアクションがあるからです。

先方が希望される謝礼が、もう少し時間をかければお支払いできそうなら貯金をします。会社のプロジェクトの場合は、再度部署内で調整をはかります。結果、満額か満額に近い金額を用意できればベストです。

お支払いできる額と先方の求める額があまりに乖離している場合——そんな時こそ原点回帰。どうしたら謝礼「＋α」の価値を相手により感じていただけるか。さらにリサーチに時間をかけます。すると、いままで見えていなかった、お相手の役に立てるポイントが見えてきます。それをもとに「これなら価値を感じてもらえるかもしれない」と思える提案にまで練り上げるのは、簡単ではないかもしれません。時間もかかります。ですが、もしあなたが本当にそのお相手にお目にかかりたいのであれば、ぜひトライしてみてください。

お礼②手土産

謝礼をお支払いすると逆に恐縮するだろうな、固辞されるだろうな、と想定されるお相手の場合、僕は手土産を持参するようにしています。例えば人前に出ることを仕事にはしていない一般の方、公共性や社会性の高いプロジェクトなどに携わっている方などが挙げられます。

せっかくなら本当に喜ばれるものを贈りたいですよね。ですからリサーチは入念にしたいものです。真っ先にあたりたいのはご本人の公式情報ですが、これといったものが見つからなかった場合――いくつかの方策があります。

まず、どなたかを介してお相手にお目にかかる場合。迷わず紹介してくださった方へご相談しましょう。髙田賢三さんへお目にかかった時がまさにそうでした。世界的なファッションブランドの創始者でパリ在住。まさに「センスの化身」のような方です。

そんなときに頼りになるのは相手をよく知る方（＝紹介者）ですよね。となると賢三さんの場合は紹介してくださったシェフ、中山豊光さんでした。彼もまたパリ在住。紹介のお礼を直接したいし、彼の料理も久々にいただきたい。そう思った僕は、賢三さんの取材前日に中山さんのお店「ＴＯＹＯ」を訪れました。

「明日は賢三さんに会う日ですよね。いいインタビューになりますように」

東京ミッドタウン日比谷への出店を控え多忙な時期にもかかわらず、いの一番に僕を気づかってくれる中山さん。さすが賢三さんの専属料理人だった方だと改めて感じ入るとともに、僕はざっくばらんに「彼に最適な手土産がなかなか見つからなくて……」とご相談しました。すると「甘いもの、特に和菓子がお好きですよ」と中山さん。和菓子！　渡航前に知っていれば買えたのに。それにいくらパリとはいえ和菓子の名店があるだろうか。そんな僕の心の声が聞こえたのか、中山さんは優しくほほえみながら教えてくださいました。

「賢三さんは『とらや』のようかんがお好きです。パリの店舗にもよく足を運ばれていますよ」

これほどピンポイントでありがたいアドバイスがあるでしょうか。TOYOの美食とワインに酔いしれながらも「やはりリアルに勝るリサーチはない」と痛感させられるランチタイムとなりました。彼に丁重にお礼を伝えた後、僕はすぐさまUber（配車サービス）で「とらや」パリ店へ。無事にようかんを購入し、賢三さんに喜んでいただくことができました。

次に、紹介者の方への相談が難しい時や相談させていただいたもののこれぞという品が判明しなかった時、もしくは直接のアポイントでそもそも紹介者がいない時はどうすればよいでしょうか——実のところ、中山さんへの手土産選びがまさにこのシチュエーションでした。賢三さんとフィールドは違えど、彼もパリで活躍するトップランナー。味覚とセンスで勝負している方だけに、日本で流行のお菓子を持っていくのも気がひけます。そこで僕は、だれもが知っていて好き嫌いが少ないと思える王道のお菓子を選ぶことにしました（ヨックモックの詰め合わせをお贈りしたと記憶しています）。スタッフに日本人の方が少なからずいることをリサーチしていたので、「皆で分けられる」「皆に馴染みがある」との理由から選びました。

このときのギフトにサプライズはなかったかもしれません。ですが、手土産の目的はそこにはありません。シンプルに感謝の気持ちを伝え、喜んでいただくことです。実際、僕の想像以上にスタッフの皆さんに喜んでいただけたことを今も覚えています。

以来、僕がこのようなシーンで悩むことはほとんどなくなりました。自分のなかでいくつかのレパートリーを持っておくと、都度頭を抱えなくて済むでしょう。個人的には、常温保存で日持ちもするお菓子の類がベストだと思います。

なお、お相手が著名人であれば、Web OYA-bunkoにあたっておくのもおすすめです。たとえばインタビューでお目にかかる機会をいただいた、華道家元池坊次期家元の池坊専好さん。僕は手土産に青森県板柳町のりんごジャムを差し上げました。約20年前の記事で彼女がこのジャムを「お気に入りの逸品」として絶賛していたからです。ジャムを手にした彼女はそこまで調べてきたことにとても驚き、そして喜んでくださいました。

お礼③汗をかく

謝礼だけでなく、なかにはお礼の品を固辞される方もいらっしゃいます。僕自身、ある経営者の方にアポ取りした際、「お気持ちはありがたいのですが、会社としていかなる場合も一切贈答品はお断りしているんです」と固辞されたことがありました。

そんな時、みなさんならどうしますか。礼を尽くす手はほかにないのでしょうか。もちろんそんなことはありません。こうした時こそ、どこまでも相手の役に立つことは何かを考える絶好の機会です。口コミやSNSなどでお相手の活動をPRすることかもしれませんし、何かイベントを開催しているようならボランティアスタッフを名乗り出ることかもしれません。あなたの得意ジャンルを生かした提案だってOKです。

ポイントは「〜させてください」と「申し出る」のではなく、「〜させていただきたいのですがいかがですか」とあくまで「おうかがい」のスタンスでのぞむこと。そして先方から「ぜひ」と言っていただいてからはじめて実践に移すこと。感謝の気持ちが強いのは良いことですが、思いだけが先行してお相手を困惑させてしまうなら本末転倒です。

コラムの最後にもうひとつ大切なことを。①謝礼②手土産③汗をかく。ここまで三つのパターンをお伝えしてきましたが、お相手に喜んでいただけるのであればひとつといわず、ふたつもしくは全て実践していただいてもＯＫです。特に③はお相手の役に立ちながらその後も親交を深める絶好の機会にもなると経験からも思います。

第3章　「段取り」がスムーズな対話への入り口

ようやくアポが取れた。あの人に会える――喜びにゆっくりと浸りたいところですが、大切なのはここからです。いかにお相手にその場を有意義に感じていただけるか。そのために忘れてはならないのが段取りです。「段取り8分、仕事2分」という言葉があるように、この段取りこそが会った時の展開を左右するといっても過言ではありません。本章では、ぜひ実践していただきたいことを八つお伝えします。

お礼と報告はマスト

いざアポが取れると、どうしてもお目にかかるお相手に意識がいってしまうものです。先方とのやりとりや会うための準備も次々と発生します。気付かぬうちにお世話になった紹介者への報告が遅くなってしまっていた……ということにもなりかねません。紹介者の方にしてみればあなたとお相手のアポが決まり次第、すぐにでも先方にお礼の連絡を入れたいはずです。ですから、アポが取れたら真っ先に紹介者へご報告を。この順番は決して間違えないようにしていただけたらと思います。

紹介してくれた方へ連絡する際は、お相手とお目にかかる時間や場所、面談内容など、できるだけ詳しくご報告すること。当日のイメージが湧いて安心されるのはもちろん、お相手やあなたからの相談にものりやすくなるからです。紹介者の方の多くは面談が少しでもスムーズに運ぶように、できる限りのフォローアップをしたいと考えてくださっています。

双方にとって、アポが決まった後で初めて見えてくる疑問、改めて感じることなどは多かれ少なかれあるものです。お相手にしてみれば、あなたが実際にどんな人物なのか、面談をどんな場と考えれば良いのか、紹介者により詳しく聞きたいかもしれません。あなたにも「当日どんな服装をしていけば良いだろう」「○○についてうかがってみたいが失礼に当たらないだろうか」「最近特に興味を持っていることは何だろう」などアドバイスをいただきたいこともあるでしょう。

いち早く紹介者へお礼とご報告をすることは「感謝の気持ちをお伝えする」のはもちろん、「当日をより良き場に」、そして「三者の関係を育んでいく」という三つの意味を持っています。そのことを忘れずにいただけたら幸いです。

できるだけ「生」に近いリサーチでイメトレを

サイン会、トークショー、制作発表会、パーティ、勉強会、講演会、ライブ、展覧会……リアル・オンライン問わずお相手と事前に接触できる機会があれば積極的に足を運ぶ。これらは「アポが取れた後」も引き続き実践しましょう。面談をご快諾くださったお礼やご挨拶など、面談前にほんの一言でも「対面」で言葉を交わすことができれば先方も安心されることと思います。

面談前にお目にかかっておくことのもうひとつの価値は、より深い追加リサーチと当日のイメトレができることです。面談が未確定だったアポ取り前と比べて、リアリティを持ってお相手やお相手の情報と接するからだと、これまでの経験から実感じています。表情、声、話し方、話すスピード、服装、立ち居振る舞いなど、視覚や聴覚を通してお相手を存分に「予習」することができるでしょう。

また「当日はここを重点的にうかがうと良いかもしれない」「○○についてはさらにリサーチした方が良さそうだな」「この質問はやめて新たに○○について聞いてみよう」「飲み物は○○（商品名）がお好きなようだから当日用意しておいた方が良さそうだな」「乾燥を気にされていたから空調や加湿など気を配らないと」など、アポ確定前には気付かなかった視点や発想が自然発生的に生まれることも多々あります。

では、どうしても「会う前に会う」機会を持てない場合はどうしたら良いでしょうか。

おすすめは、その方の映像や音声に触れることです。リアルな対面ではありませんが、アポ取り後だからこそ初めて気付くことや得られるものがあることは確かです。何度でも再生してイメージを高められるメリットもあります。

そういう意味では「会う前に会う」機会をリアルの場で持てた方であっても、映像や音声はぜひ活用していただけたらと思います。

映像であればYouTubeを活用しない手はありません。お相手が著名人の方ならお名前をYouTube上で検索すれば、多くのインタビューやトーク動画がヒットします。ご自身のチャンネルを立ち上げている方もいらっしゃいますし、メディア露出が少なそうな方であっても、過去の講演やイベント映像などがアップロードされていることもあるでしょう。特にお相手の最近の映像を見ることができれば、どんな髪型、服装をしているのか知ることができます。アクセサリーや時計など身につけている嗜好品も確認できれば、対面時に話のきっかけになるかもしれません。積極的に視聴しましょう。

音声であればSpotify、Apple Podcast、Amazon Musicなどで聴けるポッドキャストがおすすめです。YouTubeに比べて長時間のトークがアップされていることもあるため、映像派の方も忘れずにチェックしていただけたらと思います。

音声メディアを通してお相手に触れていただきたい大きな理由がもうひとつあります。

音声メディアは文字通り「声だけ」の媒体です。それゆえ聞き手は話者の見た目に引っ張られることなく、話に神経を集中させることになります。自ずと話し手のパーソナリティや話の本質がより伝わりやすいのではないか――ポッドキャストで番組を作っている僕はそう考えています。「見えない」からこそ相手の本質に触れやすくなるということです。『オールナイトニッポン』のようなラジオ番組が長年にわたり人気なのも、リスナーが話者をとても身近に感じられることが大きな要因であることに疑いの余地はないと僕は思います。たとえどんなにすぐれたアプリケーションで編集しても、その人の人間性までは編集できないのです。

このように、映像メディアと音声メディアには異なった強みがあります。お目にかかる前の基本的な考え方として「映像で目に映るお相手を観察し」「音声でパーソナリティへの理解を深め」ておくことをおすすめします。とてもすべてチェックできないほどの量の映像や音声があるお相手であっても、せめて直近のものだけは押さえておくこと。それが現在に最も近い彼らを知ることにつながります。

当然、視聴する映像や音声によって、大きく印象が異なることもあるでしょう。

20年前と1週間前のインタビューでは見た目はもちろん、考え方や生き方が大きく変わっている人も珍しくありません。しかしそれでもなお、その人の本質が大きく変わることはない——僕は経験則からそう思います。だからできる限りそれらに触れてからお目にかかりたい。そう思うのです。

お相手がリアルタイムで注力していることをチェック

面談前に改めてお相手への理解を深めるのと同様に大切なのは、彼らが公私において最近心を動かされたことや、はまっているもの、力をいれている対象に自分も触れておくことです。読んだ本、見た映画、食べたもの、行った場所、体験したこと……どんなことでも構いませんが、できるだけ面談当日に近いタイミングで言及されたものを選びましょう。時間がない中でそこまでするのは大変かもしれませんが、直近であればあるほどお相手の熱量は高いはずです。会った時にその熱量を共有できる人物として、あなたを認識してもらえることの価値は計り知れません。

直前の体験で大きく助けられたことは、僕にも数多くあります。中でも思い出深いのは、2018年「華道に学ぶ人生の彩り方」と題してお話をうかがった華道家元池坊次期家元・池坊専好さんへのインタビューでした。

あれはお目にかかる1週間前のことだったと思います。アポ確定後の追加リサーチを進めていた僕は、池坊のサイトで「IKENOBOYS（イケノボーイズ）」というキャッチーなワードを発見。専好さんご自身も、このグループのことを積極的にPRされていらっしゃるご様子。詳しく調べてみると、2016年に池坊が華道の魅力を広く発信する目的で結成した〝イケメン（＝花をいけるメンズ）華道男子グループ〟の名前だとわかりました。

池坊で実際にいけばなを学ぶメンバーが「男性ならではの目線」を生かして全国のいけばなイベントやワークショップで活動する姿を見た僕は、これは面白い！と思いました。同時に、彼らにお目にかかれる場がないか公式サイトでスケジュールをチェックしました。専好さんがいま最も力を入れているものに触れられるうえに、僕自身もいけばなを体験できるチャンスだと思ったからです。

残念なことに面談当日までに彼らにお目にかかる場はありませんでした。インタビューまでわずか1週間。仕方がないか……との思いが一瞬よぎりましたが、今回ベストを尽くさなければ次回はないかもしれません。そんな時に思いついたのが、池坊が全国で展開している「いけばな教室」への参加でした。ＩＫＥＮＯＢＯＹＳや専好さんから直接指導を受けられる場ではありませんが、自らもイケメン体験をしておくことは、インタビュー時にも役に立つかもしれないと思ったからです。

幸い2日後に近所で教室が開催されることを知った僕は即座に申し込みました。体験料は３０００円。会場に到着するまでは、一人での参加ということもあり、不安と緊張でいっぱいでしたが、ベテランの先生と少人数の生徒さんが集う教室はアットホームそのもの。温かく迎え入れてくださいました。

時間はおよそ90分。もちろんこれだけの時間では、いけばなの「い」の字にすら触れられたとはとても言えません。ですが、たとえほんのわずかでも華道の世界を垣間見られたのは、僕にとって非常に得がたい体験となりました。たとえばアポ取り前のリサーチで読んでいたいけばなの本に「３６０度の視点を持つことが大切」と書いてあったのですが、正直あまりぴんと来ていませんでした。しかし、教室で本物の生花《なまばな》を使って剪定してみると、対象を引いて見たり、角度を変えて見たりすることがいかに重要かが、実感として自然と入ってきます。これはリアルの場に足を運び、自分の手を動かしたからこそ、得られたものだと思っています。このように、体験しながら、対面時にお相手に共有したり、意見をうかがったりしたい事柄をピックアップしておくことも、忘れないでいただけたらと思います。

そして迎えた専好さんとのインタビュー。ご挨拶とあわせて、僕がＩＫＥＮＯＢＯＹＳの話を向けると彼女は満面の笑みを浮かべ、グループの近況や今後のご活動などを熱く語ってくださいました。その流れで僕が取り出したのは1枚の写真——いけばな教室で生けてきた花の写真でした。目を丸くする専好さんを前に、僕はＩＫＥＮＯＢＯＹＳをきっかけに実際にいけばな体験ができたこと、本で読んだだけでは分からなかったことを感じられたことなどをお伝えしました。

次の瞬間、彼女はとても驚いたご様子で「ありがとうございます。今まで取材のために事前にいけばなを体験してくださったのは早川さんが初めてです」と話してくださいました。心優しい専好さんのこと。取材前にいけばなを体験してきた方は過去にも少なからずいたかもしれません。いずれにせよ体験のお話をさせていただいた直後から場が一気に和んだのは間違いありませんでした。顔をほころばせながら僕の「初いけばな」写真を手に取り、ていねいにコメントを寄せてくださった姿が今も忘れられません。

お目にかかる直前にこれ以上バタバタしたくない。そう思う方もいらっしゃるかもしれません。正直にいえば僕自身も毎回その思いはよぎります。しかし直前の体験であればあるほど、こちらも熱量と実感を持ってお相手とコミュニケーションが図れる価値は本当に大きいものです。

リマインドは3日前に

会社員ライター時代、こんなことがありました。その日はだれもが知る人気お笑いコンビの取材。当時20代半ばだった僕は、それまで著名人のインタビュー経験が皆無でした。それだけに前日から緊張しっぱなし。取材場所に指定された劇場周辺には2時間前に到着し、録りためた彼らのラジオを聴いたり、質問項目をつぶさに見返したりするなど、直前まで準備を重ねました。そして迎えた約束の時間……。が、あれ？　5分待っても彼らはやってきません。まあ、それくらいのことはよくあるか。しかし15分経っても来ません。売れっ子だから前の予定が押しているのかもしれない。もう少し待ってみよう。30分待ってもいっこうに音沙汰がありません。さすがにこれはおかしい……胸騒ぎを感じつつ、僕は彼らのマネージャーに電話を入れました。

「あれ。インタビューって今日でしたっけ？　明日じゃなかったかな。あ、ごめんなさい」

以来、僕は面談の原則3日前には先方にリマインドのご連絡を入れるようにしています。3日前なのは、それ以前だと早すぎて忘れられてしまう恐れがあること。反対に2日前や前日だとメールそのものを確認していただけないリスクがあるからです。

お相手が著名な方であれば取材や打ち合わせでスケジュールはびっしりなはずです。マネージャーや秘書など、担当の方ご自身も同じくらいお忙しいことが珍しくありません。

それゆえ、直前のリマインドをした際に感謝されたことはあっても、嫌がられたことは今まで一度もありません。むしろ先方との距離も縮まり、当日の下打ち合わせをすることもできます。まさに一石二鳥です。

連絡をする際は、面談内容を改めてお伝えすることをおすすめします。お相手にとっては膨大なアポイントの中の1件ですから、詳細を覚えていらっしゃらないこともあります。不安や疑問に思っていることはないか、うかがっておくと先方はより安心されるでしょう。あわせてこちらが事前に確認しておきたいことがあればご相談するのにもよいタイミングです。

リマインドのご連絡は原則メールで構いません。お相手の都合で確認ができますし、文字として残すこともできます。

しかし、もしアポ取りから直前のメールでのやりとりにいたるまでのどこかで、少しでも「うまく伝わっていないかもしれない」「不安に思わせている気がする」と感じたら、その感覚を無視しない方が良いと思います。

そんな時、僕なら電話で「明日よろしくお願いいたします」とごあいさつも兼ねたリマインドのご連絡をします。肉声かつリアルタイムでのやりとりならお互い細かいところまで確認できますし、こちらがどんな人物か文字にならない情報をお伝えすることができるので、結果的により安心感をもって当日に臨んでいただけることが少なくありません。

そうした意味では、直前のリマインドだけでなく、アポが取れた直後にごあいさつがてらお電話をすることもおすすめです。「多忙な相手に電話をかける」というと、ここまで書いてきたことと矛盾するようですが、最初に肉声を通じてお相手に安心感を届けられれば、その後のメールのやりとりも減り、結果的に先方の時間と労力の節約にもつながると僕は考えています。また、お相手が年配の方の場合は、メールよりも電話の方が有用な場合もあることを頭に入れておいていただけたらと思います。

資料・企画書は紙で用意する

大切な面談の場。筆記具やノートは予備も含めて少し多めに持参しましょう。お相手からいつあなたの人生を変える言葉が発せられるかわかりません。そんな時インク切れや紙切れの事態に陥ってしまうことほどもったいないことはありません。

面談時の資料や企画書などがあれば、こちらも多めに出力しておきましょう。事

新刊案内

2025

3月に出る本

新潮社
https://www.shinchosha.co.jp

前に送付していてもお相手が持参されないことは珍しくありませんし、ご多忙ゆえにその場で初見ということもあります。

また、面談後に先方に何かこちらがお力になれることを提案できる機会があった場合「後で担当者に話しておきますから資料をもう1部もらえますか」と言われることもあります。せっかくの好機をふいにしないためにも、準備をおろそかにしないようにしましょう。

よく資料をパソコンやタブレットなどデジタル機器の画面だけで見せる方がいますが、あまりおすすめしません。直接手に取ってもらえませんし、無形ゆえその場を離れると忘れられてしまうリスクが小さくないからです。それゆえ、僕はお相手が忙しい方であればあるほど「その場」で紙の資料など「現物」をお渡しすることを大切にしています。

もちろん先方がご不要ならこちらで回収すれば良いですし「データでもらえますか」と言われればその時点で初めてお送りすれば良いと僕は思います。デジタルデータはかさばらず便利ですが、使いどころやタイミングを間違えないよう注意しましょう。

デジタルといえば、最近は会議やイベントの場などで、紙のノートの代わりにパソコンやスマホでメモをとる方も増えてきたように感じます。整理・記録の点ではとても便利ですよね。ですが、面談時は注意が必要です。理由はふたつあります。

ひとつは面談中にいきなりフリーズしたり、電源が落ちたりするリスクがあること。かといって、予備として何台もパソコンやスマホを持ち歩くのは現実的ではありませんよね。

もうひとつの理由は、パソコンやスマホのタイピングという行為そのものが、お相手の心証を悪くする可能性があるということです。すでにある程度関係性を築けている方ならば良いかもしれませんが、初対面となると話は変わってきます。これだけデジタル化が進む時代にあって、そのようなことは全く気にしないという方ももちろんいらっしゃるでしょう。しかし気にする方がいらっしゃるのも事実です。これればかりは、お目にかかる前にどちらのタイプかリサーチすることは現実的に困難です。

それゆえ、僕は初対面のお相手を前にパソコンやスマホでメモをとることはありません。いっぽうで、僕がiPad×Apple Pencilの組み合わせでメモをとることがあるのは、《コラム》おすすめのメモ術・ツールでお伝えした通りです。

なぜか——それは見た目は「ペンでノートをとる」アナログ的な行為のため、お相手の多くがそもそもデジタルツールであることに気付かないからです。まれに気付く方がいらっしゃっても「すごい、デジタルで書けるんですね。ちょっと試させてください」と、むしろその場を和ませる助けになってくれることがほとんどです。もちろん僕がそう感じているだけで、お相手の本心はわかりません。ですが、少なくとも面談にマイナスになったことはないように思います。

ただしパソコンやスマホ同様、いつ故障するか分からないリスクは付きまといます。実際、作家の林真理子さんとの対談中にiPadの電源が点《つ》かなくなり肝を冷やしたことがあります。いつもペンとノートも手元に置くようにしているので事なきを得ましたが、代替手段の重要性を改めて痛感させられるできごとでした。

ロケハンをする

面談場所をこちらで決めなければならない場合は、必ずロケハンしたうえで確定するようにしましょう。

たとえば、ネットで良さそうなレストランの個室を見つけたとします。モダンな外観に瀟洒な内装。ミシュランの星もついています。先方のお住まいからのアクセスも良さそう。グルメサイトのレビューも高い。さて、あなたならこのお店に決めますか?

僕なら予約したうえで、事前にお店に足を運びます。WebサイトやSNSでは良さそうに見えたのに、実際に訪れると気がかりな点が見つかる場合もあるからです。

最寄り駅からのアクセスはどうか。お店への地図はわかりやすいか。周辺環境は。実際の外観や内装は。料理の味。価格。メニュー。接客。どのくらい融通が利くか。空調や清潔感……これらをネットだけで完全に把握するのは不可能です(そもそも予約の電話や問い合わせメールなどへの対応が悪かったら、その時点でリスクが高いので他の候補を探します)。

だからこそ、どんなに忙しくても事前にその場を訪れ、五感を使って確かめておくことはマストだと僕は考えています。これは、ネット検索だけでなく、信頼できる友人からのオススメの場所であっても同様です。ロケハンの結果、あなたのお眼鏡にかなったのであれば、お店の担当者としっかりと打ち合わせしておくことも忘れずに。あなたにとってお相手との面談がどれほど大切なものなのか。当日は何が重要で何に注意してほしいのか。ストレートに相談しましょう。

予約日時の店内の混雑具合や周辺環境（近隣で工事やイベント開催などがないか）なども事前に確認しておくと、当日「こんなはずじゃなかった」という失敗を防ぐことにもつながります。帰りのタクシーの手配ができるか、お相手が喫煙者なら喫煙所はあるかなど細かいこともあらかじめ詰めておくと良いでしょう。こうした一連の打ち合わせに丁寧に付き合ってくれるお店なら、あなたは当日安心してお相手との時間に集中できると思います。

忙しいなかで場所探しに時間とエネルギーを使うのは骨が折れるものですが、一度よいお店を見つけられれば、今後も使う機会が訪れるかもしれません。自らの足で稼いだ「鉄板のお店」リストは何にも代えがたいものです。労をいとわずロケハンしましょう。

すでに「鉄板のお店」があるという方も油断は禁物です。もし予約がいっぱいでいつもと異なる席や部屋を使わなければならなくなった場合は「初めての場所」と考え、再度ロケハンをすること。これを怠ったばかりに、僕は痛い思いをしたことがあります。

フリーアナウンサーの中井美穂さんへのインタビューの時でした。場所は恵比寿のカフェ。重厚な調度品に彩られた落ち着いた雰囲気の個室を、僕はこれまで何度も収録で利用していました。中井さんへの取材が決まると僕はすぐにカフェへ連絡。しかし、あいにくいつもの個室には先約が入っていました……。参ったなあ。そんな僕の心の声が聞こえたのか「店内にあるもうひとつの個室ならお取りできますよ」と店員さん。内装、部屋の広さ、料金などほぼ同じとのことでした。実際に見たことはありませんでしたが、カフェの雰囲気や接客に間違いはありません。取材までの時間がなかったこともあり、僕は「まあ、大丈夫だろう」とロケハンせずに電話で予約しました。

迎えた当日。取材の45分前に入室した個室の内装は事前に聞いた通り、いつもの個室とほとんど同じでした。これでひと安心。そう思って収録準備を始め、20分ほど経った頃でした。ガタンガタンガタンガタン……まさか、と思って部屋の窓を開けると――200メートルほど先に線路を走る電車が見えたのです。いつもの個室では一度も電車の音を聞いたことはありませんでした。まさかこちらの個室には音が届くとは……慌てふためく僕をよそに、個室の呼び鈴がなりました。

「こんにちはー」と笑顔でやってきた中井美穂さん。今から別の場所を押さえることも、彼女に移動を強いるのも現実的ではありません。観念した僕は、ごあいさつと同時に自分のロケハン不足で招いた失態をそのまま明かし、中井さんに平謝り……取材キャンセルも覚悟しましたが、彼女はイヤな顔ひとつせず「そういうこともありますよ」と笑顔で返してくださいました。

中井さんの寛大なお人柄のおかげで収録は何とか終えられましたが、深く反省させられる出来事となりました。それ以来、僕ははるか遠くであっても線路が視界に入っているお店を選ぶことには相当慎重になっています。

もうひとつ留意したいのが救急車のサイレンです。ダイヤがある電車と違い、いつどこを走るか分からないのだから考えても仕方ないのでは？　と思う方もいらっしゃるかもしれません。ですが、サイレンを鳴らした救急車が向かう先が病院であることだけは確かです。僕は救急車を受け入れるような大病院が近くにある場所はできるだけ選ばないようにしています。とはいえ、この近い・遠いの距離感はあくまで主観に過ぎず、当てにならないのは僕の失敗談の通り。電車の走行音もサイレンも想像以上に遠くまで聞こえるものです。だからこそロケハンを徹底し、店員さんに「ここ、ふだんサイレンや電車の音など環境音が気になることはありますか？」と実際に確認すること。これに勝るものはありません。

空白のスケジュールを確保する

大切な面談の後ろには、できるだけ予定を入れないようにしましょう。なぜなら、面談後に先方と食事やお茶をしたり、雑談したりする可能性があるからです。

特にお相手が各界のトップランナーと呼ばれる方の場合、ひとつひとつの出会いを大切にされる人が非常に多いと経験から感じます。とりわけ、オフィスやご自宅などお相手のホームグラウンドでお目にかかった際に、お誘いいただくことが多いように思います。面談の後にさらにお相手と過ごす時間をいただけるなんて願ってもない機会です。お互いリラックスした状況で、秘話をうかがえるかもしれませんし、お相手の役に立つ提案をするチャンスにも恵まれるかもしれません。そんな機会を「後ろに予定を入れてしまっていた」ばかりに、ふいにしてしまうのは非常にもったいないです。もし、こちらに選択の余地があるのであれば、アポ取りの段階で後ろに予定が入っている日は初めから除外することを強くおすすめします。

いずれにせよ、日程が決まったらすぐに面会の後ろに「空白のスケジュール」を入れておくこと。Googleカレンダーなら PCやスマホで打ち込んで終わり。30秒もかかりません。

もちろんお相手からいつも誘われるわけではありません（誘われない方が多いかもしれません）。しかし、そうなったら後ろのスケジュールが空くだけのこと。自由時間ができて困ることはないですよね。

ちなみに、空白のスケジュールはお相手からの偶発的なお誘いに備えるためだけにあるわけではなく、こちらからのお誘いに活用することもできます。そんな図々しいことを……と思う必要はありません。貴重な時間を取っていただいた感謝の気持ちを込めて、ていねいにお誘いすれば、失礼にはあたらないと僕は思います。

面談時にこちらが選んだ場所に来ていただくのであれば「わざわざお越しいただいたので、よろしければ……」とお誘いする理由にもなります。特にレストランやカフェでお目にかかったのであればなおのこと自然にお誘いできます。

では、肝心のお誘いは「事前にするか／その場でするか」、「食事／お茶」、どの組み合わせが良いでしょうか。

おすすめは「その場でお茶」にお誘いすることです。事前にお誘いするとなると、まだ一度も会ったことのないあなたから面談以外のことも約束させられる精神的ストレスをお相手に抱えさせてしまう危険性があると僕は考えます。その点、お目にかかった際にお声かけするのであれば、先方がその場で可否を決められるのでご負担が少ないのではないでしょうか。

そして、お相手のことを考えればお茶がベターだと思います。食事よりも気軽に臨めますし、何より時間をとらせません。また、面談と同じ場所でそのままお茶をするのであれば、どこまでが面談でどこからがお茶なのか、良い意味で境界線がファジーになります。それゆえ、場合によっては「この後お茶でもいかがですか」とわざわざ口に出してお誘いする必要すらないかもしれません（ただし、お相手のお時間を気遣うことは忘れずに）。

90分前には現地入りする

90分は早すぎるのでは？　と思う方もいるかもしれませんが、本当にそうでしょうか。人身事故や車両故障で電車が止まってしまうかもしれません。バスやタクシーも思わぬ渋滞に巻き込まれるかもしれません。せっかく入念に段取りを整えてきても遅刻してはすべてが台なしです。想定外のことが起きてもカバーできるように、時間には最大限ゆとりを持って行動しましょう。

なお、ここでいう「現地」とは、最寄り駅ではなく面談場所を指します。仮に何度も足を運んでいる場所だとしても、最寄り駅から現地に着くまでに何があるかわかりませんし、直前に先方から場所を指定されるなどの理由で事前に下見できなかった場合、道に迷う恐れもあります。多少遅れても運が良ければお相手から同情してもらえるかもしれませんが、失った面談時間は返ってきません。

遠隔地や海外でアポが入っている場合、僕は前日までには現地入りするようにしています。新幹線や飛行機の遅延リスクはもちろん、アポイント場所の下見もしたいからです。

早く現地入りすることのメリットはもうひとつあります。それは自分自身の精神の安定です。長年、人に会い続けているとはいえ、お目にかかる際は必ず緊張します。そんな時に「遅れそう」「現地での準備時間が十分にとれないかもしれない」と不安要素が重なったらどうでしょう。完全に自分のペースを乱されてしまい、面談自体に悪影響が出るかもしれません。

現地に早く入っていればお店や会場の担当者と改めて打ち合わせできるかもしれませんし、場の雰囲気を直に感じることもできます。仮に会場がまだ開いていなくても、近くのカフェでコーヒーの1杯でも飲みつつ、当日の流れをシミュレーションすることもできます。いずれにせよ、現地に早く入り過ぎて困ることはないと心に留めていただけたら幸いです。

第2部

当日編

第4章

質問がお互いにとってよい時間をつくる

いよいよお相手にお目にかかる時がやってきました。この場で生まれる対話があなたの今後の人生を大きく動かすことになるかもしれません。

対話の質を左右するのが質問です。本書では質問力を「自問力」「他問力」のふたつにわけて質問の作り方や、良い対話をするための質問の順番をお伝えします。

まずは自問力から。

「なぜその人に会いたいのか」を自問する

自問力とは、文字通り自分自身へ質問する力のことを指します。面談の場はあなたにとってどんな意味・意義があるのか。お相手に何かを尋ねる前に、まず自分にしっかりと問うておくことが大切です。具体的には次の三つを自問することをおすすめします。

- **なぜ会いたいのか?**
- **自分が相手に提供できる価値は何か?**
- **会った時にいかに有意義・快適に過ごしてもらうか?**

この3問、既視感がある方もいるかもしれません。そうです。これらはすべて「会う前のメモ」から抜粋した質問です。

改めてこれらを自問しておくことは、本来の目的を忘れて「会えて良かった」で面談を終わらせないために非常に重要です。お目にかかるために膨大な時間とエネルギーを費やしてきたのだからそんな基本的なことを忘れるはずがない、と思う方もいるかもしれません。しかしお相手をいざ目の前にすると、感動と緊張で想像以上に舞い上がってしまうものです。そんな時、自問によって面談の目的を明確にしていれば「こんなはずじゃなかった」という事態を防ぐことができます。

僕自身、駆け出しの頃は「○○さんと会えた」という経験を毎週のようにくり返すなかで、会うことそのものに満足してしまい、「こなす」だけになってしまっていた時期がありました。何とも恥ずかしい限りですが、当時はお目にかかった方々のカリスマ性に圧倒され、彼らの言動にいとも簡単に左右されてしまう自分がいました。

Aさんから「成功の秘訣はひとつの事に集中すること」だと言われれば、自分が考えていた複数のビジネスアイデアからひとつだけ選んで邁進。しかし翌月に出会ったBさんから「やりたいことは同時に全部やった方がいい。相乗効果が生まれるから」と言われると一転、眠らせたアイデアも復活させる、というようにコロコロと行動や習慣を変えてしまっていました。これでは何事もうまく行きません。当時の僕は「なぜその方にお目にかかるのか」という自問を怠ったばかりに、会う方会う方の価値観をただ丸呑みするだけの日々を送るようになっていたのですね。同じ轍を踏まないためにも、皆さんにはなぜその人にお目にかかりたかったのか、自問を習慣化していただけたら幸いです。

相手が答えやすい質問から対話を始める

お相手に質問する力のことを、僕は他問力と呼んでいます。多くの方が一般的にイメージする質問力のことだと考えていただいて差し支えありません。

では、どのような質問をどんな順番ですれば良いのでしょうか。僕は次のように考えます。

①「相手が答えやすい質問」
②「本題に関する質問」
③「縁を紡ぐ質問」

まずは①の「相手が答えやすい質問」です。これは本題に入る前のアイスブレイクのようなものと考えていただくと良いと思います。目的は場を和ませたり、緊張を解きほぐしたりする話題で、できるだけ心が通う状況を築くこと。具体的には次の3問を基本に考えていただけたらと思います。

⑴直近の仕事や力を入れている活動に関する質問

お相手の最新の活動に関連する質問が冒頭にはうってつけです。小説家の方なら最新作の感想を交えつつ物語の着想をうかがうのも良いですし、起業家や科学者の方ならば、事業や研究が今後私たちの生活にどんな恩恵をもたらしてくれるのかをうかがうのも良いでしょう。前章でお伝えした僕のいけばな体験のようにお相手が力を入れていることの体験談や、講演会や展覧会など何らかの催しに足を運んだ感想などを織り交ぜて質問するのもおすすめです。

日本を代表するイラストレーターの宇野亞喜良さんにお目にかかった時のこと。冒頭でこんな質問をさせていただきました。

「この作品はどのくらいの時間で描かれたのですか」

僕が取り出したのは彼が絵のみならず文章も手がけた絵本。さらに「わが家では子どもたちに大人気で寝る前の定番なんです」とパーソナルな体験を共有させていただくと、宇野さんは顔をほころばせて制作ストーリーを語ってくださいました。

企業向けの講演でご一緒させていただいたファッションディレクターの干場義雅《ほしば》さんとのやりとりも記憶に残っています。本番前の控え室であいさつした後、僕はこううかがいました。

「先日、ペッレ モルビダ（干場さんがクリエイティブディレクターをつとめるブランド）の旗艦店にうかがったのですが、どのタイプのカバンにするか悩んでいるんです。どれを選べば良いかアドバイスをいただけないでしょうか」

彼は「え！ わざわざお店に来てくださったんですか」と幾分驚きつつも喜んでくださったようで、僕の嗜好と生活スタイルにあった最適なカバンをオススメしてくださいました。

このように、この段階での質問はあなたが感じたことをポジティブな形で率直にうかがえば問題ありません。そこにテクニックや駆け引きは不要です。たくさんの体験を用意する必要もありません。あくまでアイスブレイクなので、シンプルにひとつかふたつ用意しておけば十分です。

⑵共通点に関する質問

この質問が最も効果的なシーンは何といっても自分とお相手をつないでくださった紹介者の方がいる時です。「○○さんとは長いお付き合いなのですか」というような簡単な質問で構いません。お相手にとって取材や紹介は日常茶飯事です。当日その場になっても果たして誰からのつながりで実現した場だったのか分かっていらっしゃらなかったり、忘れてしまったりしていることは思いのほかあるものです。ゆえに、冒頭で紹介してくれた方のお名前をたったひとこと出すだけで「ああ、そうでした。○○さんの紹介でしたね」と話が弾んだり、空気をやわらげたりすることにつながっていきます。

紹介者がいない場合でも、出身地や母校、趣味、特技、好きなスポーツや本、映画など共通点から入るのも十分効果的です。たとえばコシノジュンコさんに初めてお目にかかった時。正直にいえば、僕はインタビュー前日まで彼女との共通点を見つけられずにいました。しかし当日朝に見つけたある記事で、ご子息が自分と同い年だということが判明。わずかこれだけのことですが、共通点は共通点です。そこで僕はお目にかかって早々「ご子息は１９８０年のお生まれでしょうか」とうかがいました。すると「あら、そうよ。どうして？」と答える彼女に、僕は同年生まれだということをお伝えしました。

「そうなの？　それは奇遇ねえ」と驚く彼女に、僭越ながら僕は「母親」としての表情を垣間見ました。さらには「今日はどちらからいらしたの？」「いつもひとりでこんな沢山の機材を持って取材しているの？　頑張るわねえ」とコシノさんの方から色々と話しかけてくださいました。おかげですっかり緊張が解けた僕は、図々しくも「息子」のような心持ちで、ご子息をはじめとするご家族のことをざっくばらんにうかがいました。

すると驚いたことに、ご子息と僕の兄が生まれた病院が同じことが判明。そればかりか、お孫さんと僕の子どもの名前が同じだったり、彼女のご主人と僕の地元が同じだったりすることもわかりました。おかげで当日のインタビューが無事に運んだことはもちろん、その後もたびたび新作の発表会やパーティに呼んでいただくなど、交流の機会をいただくことができました。

ほんのわずかな共通点からここまで関係が深まり広がっていくのか……と共通点が持つ力の大きさを改めて感じた出来事でした。どんな小さなことでもかまいません。ぜひみなさんも共通点に関する質問を積極的にしてみてください。

(3)プライベートの興味・関心に関する質問

事前リサーチでお相手の興味・関心が明確になっている場合は「最近○○にとても熱中されているのですね。きっかけは何だったのですか」といった形でうかがうのもおすすめです。複数の興味・関心が判明しているようなら、そのなかであなた自身が最も興味があったり、詳しかったりするものを選ぶと良いでしょう。「共通点に関する質問」を兼ねることにもなります。

その際、もしご自身の専門性やリサーチで得た情報もあるようなら、あわせてお相手にお伝えできると良いでしょう。ただしその際は「自分の方が詳しい」というような上から目線のスタンスにならないこと。あくまで「ご存じかもしれませんが」「お役に立てるかわかりませんが」などと前置きしたうえでお話ししましょう。こうした謙虚な心と姿勢で接すれば、決して失礼にはあたりませんのでどうか安心してください。お相手にとって初耳の何かをお伝えできればベストですし、すでにご存じのことだったとしても、ネガティブな印象を抱かれることはないはずです。

むしろそこからその事柄についてより深いお話をしてくださり、盛り上がった経験が僕には少なからずあります。

情報だけでなく、現物を「プレゼント」というかたちでお渡しするのも良いでしょう。ただし、物理的にも精神的にも負担にならないよう軽く・小さく・保存がきくものに留めること。たとえば僕自身は、健康意識が高いと思われる方には、一般的にはあまり知られていないようなスーパーフードを手土産として持参して「これ、ご存じですか?」と冒頭でうかがうことがよくあります。

自分にも相手にもプラスになる質問を用意

ここからがいよいよ本題です。お相手にお目にかかる目的は人それぞれかと思いますが、どんな場合でも大切なのは「1対1だからこそ」の質問を徹底すること。そのために、面談用にリストアップした質問は、必ず次の2点から精査し、基準をクリアできたものだけを当日うかがうようにしましょう。

(1)公開情報を調べればわかる質問になっていないか?

一生に一度あるかないかの場でこのような質問をすることほどもったいないことはありません。何より、貴重な時間を割いて臨んでいるお相手に「この人は本当に自分のことを調べてきているのだろうか」と感じさせてしまうことにもなりかねません。この問いに自信を持ってNOと言えないのであれば、その質問は再考するか除外しましょう。

⑵あなたならではの質問になっているか？

あなた独自の視点や考え、専門性、興味・関心やアイデアを盛り込んだ質問になっているか。本題に関する体験があればそれも生かされているか。そこに先方に役立つと思ってもらえるような情報や切り口は入っているか。ひとつひとつの質問を時間が許す限り多角的に見ていきましょう。

すでにお気づきの方もいるかもしれませんが、⑴はパブリックリサーチ、⑵はオリジナルリサーチの質量がカギを握ります。特に⑵を突き詰めることが、お相手にも「この人に会って良かった」と思ってもらうための重要な要素になるでしょう。

この仕事を始めた当初、お世話になっていた女性経営者のUさんからこんなアドバイスをいただいたことがあります。

「リスナー目線のインタビュー番組を目指すのはすばらしいことだけど、取材相手にもほんのわずかでもいいから、気づきを与えられるようになれば、早川さんはもっといい聞き手になれると思いますよ」

肝心の目の前のお相手から「聞き出す」ことばかりになってしまっていたことを指摘された僕は、後ろからガツンと殴られた気持ちになりました。同時に彼女をはじめこれまでお目にかかってきた方たちに申し訳ない気持ちでいっぱいになりました。

とはいえ、自分にとって天上人のような方々に「気づきを与える」なんて、できるのだろうか……正直にそうお伝えすると、Uさんは「相手のことや相手の専門分野を一生懸命調べたうえで、自分の身も心も使って考え抜いてきた人の質問はささっと準備してきた人たちとは深さが違います。それは数分も話せばすぐわかります。そしてそこには多かれ少なかれ『今までそんなこと聞かれたこともなかった』『考えたこともなかった』という発見があります。それは私たちにとっても決して小さくない価値なんです」と答えてくださいました。

では、自分の質問がお相手の琴線に触れたか否かはどうすればわかるのでしょうか。「こちらの質問に相手が思わず黙り込んでしまった時は、熟考しているサイン。それは良い質問だった可能性が高いと思います」とUさん。「もちろん奇をてらったり、相手をなじったりする質問はもってのほかだけど、面談の本旨に関する質問でこのリアクションを一度でも引き出せたら、その面談はお相手にとっても得るものがあった場になったと考えて良いでしょう」と彼女は話してくれました。

以来僕は、最初にリストアップした質問のひとつひとつを前述の(1)(2)の問いでもう一度精査するだけではなく、「その質問は先方にとっても何らかのプラスをもたらしうるものか？」という問いも反芻するようになりました。もし自分がお相手だったらその問いにどう感じるだろうか、何か得られるものがあるだろうか、と精いっぱい想像を働かせてみる。もちろん実際に質問してみないと結果はわかりません。ですが、その人に思いを馳せたうえで「これならきっと大丈夫」と思える質問をできるだけ用意すること。それが面談時のお相手の満足度をさらに上げることにつながると僕は感じています。

質問のストックが違いを生む

本題の質問は【お目にかかる目的×誰にお目にかかるか】で定まります。組み合わせは無限大。それゆえすべての方に当てはまる万能の質問はないと僕は思っています。

ですが、質問の精度そのものを底上げする方法はあります。

まずおすすめしたいのが他者の質問をストックすること。インタビュー記事やメディアのトーク番組などで、「これはすぐに使えそう」と感じたものはもちろん、少しでも面白いと思った質問はどんどん集めていきましょう。たとえ今は使い途がイメージできなくても、いつどこで必要になるかわかりません。また、アメリカの実業家ジェームス・W・ヤングが「アイデアとは既存の要素の新しい組み合わせ以外の何ものでもない」と著書『アイデアのつくり方』（CCCメディアハウス）でも述べたように、インプットはオリジナルな質問のアウトプットにもつながります。

僕が質問のストックを増やすためにお世話になっている媒体は次の三つです。

『告白録』（竹内スグル、テレビ東京『比類なき者』プロジェクト著、アーティストハウスパブリッシャーズ）

著者で映像ディレクター／映画監督の竹内さんとあるお仕事でご一緒した際、なんて良質な質問をされる方だろうと驚いてその背景をうかがったところ「実は昔こんな番組をやっていたんです」と教えていただいたのが、本書のもとになったテレビ番組『比類なき者』。テレビ東京系列で2003年に放送された番組で、著名人同士がインタビュアーとインタビュイー（質問される側）にまわって一問一答していくというもの。登場するのは村上隆さん、楳図《うめず》かずおさん、竹中直人さん、東野圭吾さん、大竹しのぶさん、中谷美紀さん、夏木マリさんなど、そうそうたる顔ぶれ。27組の対話を楽しみつつ、魅力的な答えを引き出した質問とは何かを見つけるのに最適な1冊です。

『The Guardian』Q&Aコーナー

イギリスの大手新聞の1コーナー。世界のトップランナーやセレブが毎週登場しています。簡単な質問にゲストがシンプルに答えていく一問一答形式かつ分量もそれほど多くないので、英語にあまり自信がない方でも読みやすいと思います。写真やレイアウトもスタイリッシュで、読み物としてもおすすめ。バックナンバー含めWebで無料閲覧できます。

『The New York Times』By the Bookコーナー

世界のベストセラー作家にお気に入りの本や尊敬する作家、執筆にまつわること、次回作についてなどを聞くコーナー。『The Guardian』同様、一問一答に近いスタイルで展開されるのでこちらもおすすめです。村上春樹さん（2022年11月17日登場）がナイトスタンドに置いている本を明かしていたのが個人的には印象的でした。電子版の購読料は毎月8ドル（2024年11月現在）かかりますが、本コーナーだけでなく電子版全体が購読できることを思えば、決して高くないと僕は思っています。

実際に使っている47の質問リスト

ちなみに、僕のストックにあるのは以下のような質問です。いささか極端なものもありますが、何かひとつでも参考にしていただけるものがあれば幸いです。

①人生に関する質問

- ターニングポイントを教えてください。
- この人に出会わなかったら今の自分はないという人を3人教えてください。
- 過去に遡れたらいつに戻りたいですか。
- 最も死を近くに感じた出来事は何ですか。
- 人生最初の記憶は何ですか。
- どんな子どもでしたか。
- あなたの人生にタイトルを付けるとしたら何ですか。
- 両親から得たものは何ですか。

・最後に泣いたのはいつ、なぜですか。
・もっとも思い出深い「失敗」は何ですか。
・叶った夢は何ですか。もうすぐ叶いそうな夢は何ですか。叶わなそうな夢は何ですか。
・今の自分を取り巻く環境にいらだちを感じますか。満足していますか。
・人生で得た最大の教えは何ですか。
・人生で最も困惑した瞬間は何ですか。

②仕事・創作に関する質問
・この仕事についたきっかけ・理由を教えてください。
・何かに挑むとき必ず作戦を立てますか。それとも感性でのぞみますか。
・人生最高の仕事を三つ挙げるとしたら。
・今までで最悪の仕事は何ですか。
・あなたの七つ道具を教えてください。
・もし○○にならなかったら何になっていましたか。

・何かをつくるとき、まずどこから手を付けますか。全体から細部ですか。細部から全体ですか。
・スランプになったことはありますか。なったとき、どう乗り越えましたか。
・自分のイメージが技術的問題で制限されるとき、どう対処しますか。
・〇〇によって与えられたもの・奪われたものは何ですか。

③価値観に関する質問
・人生で叶えたいことリストのトップにあるのは何ですか。
・今日が人生最後の日なら何をしますか。
・今までこれだけは「してこなかった」ということは何ですか。
・あなたの人生の映画があったら、あなたを演じるのはだれですか。
・あなたの人生や仕事に、他のフィールドで影響を与える人やものはありますか。
・性善説と性悪説どちらをとりますか。
・あなたにとって最も価値ある財産は何ですか。
・不動産と車をのぞき、今までで最も高額な買い物は何ですか。

- 今まで最もお金を使ってきたことは何ですか。
- 人生を変えた本や映画はありますか。
- ベッドサイドにどんな本を置いていますか。
- 最近読んだ中で最高の1冊は。
- もし1カ月休みが取れたら何をしますか。
- もし明日から無一文になったら何をしますか。
- 自身のお葬式でどんな人だったと形容されたいですか。
- あなたにとって夢のパーティがあったらだれを呼びたいですか。
- 今一番セクシーと感じるものは何ですか。
- 今一番怖いものは何ですか。
- 人生の質を改善する最もシンプルなことをひとつ挙げてください。
- 好きな香りを教えてください。
- 最も罪深い喜びは何ですか。
- 最も悪い習慣は何ですか。
- あなたの口癖は何ですか。

少しでもひっかかるものがあれば、ぜひストックに加えていただけたら幸いです。もちろんこれらをもとにアレンジした質問を考えていただいても構いません。かくいう僕自身、前述の書籍や各メディア、日々の対話のなかで「これはいいな！」と思った質問を地道にiPhoneのメモにストックしてきただけです。質問のレパートリーを増やせば増やすほど、お相手とあなたとの対話から価値ある何かが生まれる可能性が高まります。その未来に想いを馳せながら、日々質問をストックしていきましょう。

年表で相手のバックグラウンドを俯瞰する

質問の幅を広げるには、お相手の年表をつくるのも効果的です。プロフィールよりもさらに立体的にバックグラウンドが「見える化」できるからです。作成の際には、公開プロフィールに記載されていることはもちろん、事前リサーチで得たその人の情報や出来事を時系列でならべてみましょう。たとえばもし僕が「坂本龍馬に会う」としたら、まずこんな年表をつくります。

1835年 高知城下に郷士坂本八平直足の末子として生まれる

1848年 高知城下日根野道場に入門し剣術を学び始める

1853年 江戸に出る／ペリー来航／佐久間象山に入門し砲術を学ぶ

1854年 日米和親条約締結／帰郷

1861年 土佐勤王党へ加盟する

1862年 土佐藩から脱藩する／勝海舟に入門する

1864年 お龍と出会う／西郷隆盛と面談する

1865年 長崎で亀山社中を設立する／桂小五郎（木戸孝允）に薩長和解を説く

1866年 薩長同盟の密約が成立／寺田屋で襲撃される／お龍を正式に妻にする／薩摩に出立／長崎で越前藩士を通じ、松平春嶽に大政奉還策を伝言

1867年 亀山社中を海援隊に改称／「いろは丸」沈没させられる／京都で「四侯会議」設置／「船中八策」起草／「新政府綱領八策」起草／

――京都近江屋で刺客に暗殺される

細かい出来事を省いたかなり簡易的な年表にはなりますが、これをご覧になって皆さんは何を感じたでしょうか。短い一生のなかで龍馬がいかに多くのことを（特に晩年に）成したかが、日本史に明るくない僕には見て取ることができました。同時にもし彼が目の前にいたら、「ターニングポイントはどこにあったと思いますか」「（現在の）総理大臣だったら真っ先に何をしますか」など、聞いてみたいことが次々と湧いてくるから面白いものです。

年表作成の際は、同時代の国内外の社会的な出来事もあわせて調べておくと「ひょっとしたら当時の○○という出来事が行動に何らかの影響をおよぼしていたのかも」と視野が広がったり、違う角度から質問したりすることにもつながります。ときにそれは、お相手自身も気付かなかった視点を呼び起こし、何らかの気付きや学びをもたらす一助になるでしょう。

最適な質問の量は6割

ここまで質問の質的な部分に触れてきましたが、もうひとつ大切なのが量です。結論から言えば、実際に質問するのは「事前に用意した6割」程度にとどめるのが良いとこれまでの経験から思います。

千載一遇の機会。すべての質問をしてベストな答えを得たい――という気持ちはわかります。しかし、面談は一方的に質問を投げかける場ではなく、対話によって展開されるものです。

焦るばかりに、矢継ぎ早に質問を浴びせる「一問一答」スタイルになっては本末転倒。お相手にとっても快適とは言いがたい場になってしまいかねません。

そうならないために大切なのは、いかにお相手ファーストな対話を心がけられるか。感覚をつかむまでは、会話の主導権の8割を先方に預けるくらいの感覚で臨むと良いと思います。このくらいのペースで対話を進められれば、お相手は快くあなたの質問を熟考したり、丁寧に答えたりする時間が持てます。さらにあなたから追加の質問もできるかもしれません。先方にイニシアチブを預けて気持ちよくお話しいただくと、不思議なことに「この後、うかがいたいと思っていた」質問のお答えをいただけることも少なくありません。

また、お相手から別の話題が投げかけられて、全く想像もしなかった価値ある対話が展開されるかもしれません。これも「会う」ことの醍醐味のひとつです。

質問の優先順位の決め方

とはいえ、すべてを出たとこ勝負に委ねるのは不安ですよね。そこで大切なのが質問の優先順位をあらかじめ決めておくことです。もちろん準備の段階では質問が数十個、極端にいえば数百個あっても構いません。そのなかから、まず「これだけは何があってもうかがいたい」というものをひとつだけ選びます。なかなか絞れないという方も難しく考える必要はありません。

「○○さんにお目にかかれるのは今日が最初で最後。時間は5分。たったひとつしか質問ができないとしたら？」

自身にこう問えば、おのずと1番の質問は決まってくるはずです。最も聞きたい質問が決まったら、残った質問に同様の問いかけをし、ひとつ、またひとつと上位を導いていけば良いわけです。当日どれだけ時間をいただけるかにもよりますが、この要領でベスト10の質問を決めておき、本番では上位四つか五つでもうかがえれば御の字と心づもりしておくと良いでしょう。

縁を紡ぐ質問をする

人に誇れるような実績も能力も何ひとつなかった僕がここまで何とかやってこられたのは、主に面談終盤、「貴重な時間を割いてくれるお相手に少しでも恩返しするにはどうしたら良いか」を胸に、次の質問をお相手に投げかけてきたからに他なりません。

- **今、お困りのことや解決したい課題はありますか。**
- **これから取り組んでいきたいことはありますか。**

右記はどなたにでも当てはまるようあえて抽象的にしていますが、事前リサーチをしっかりしていればより具体的な質問ができるでしょう。たとえば「先日ＳＮＳで『今後中央アジア地域での事業展開を考えている』と発言されていました。周囲に同様の構想を練っている友人が何人かいることもあり、とても気になりました。差し支えなければ理由を詳しくお聞かせ願えないでしょうか」というように、自ずとお相手にあわせて具体的な言葉や例を挙げて質問できるはずです。

あらかじめ準備してきたアイデアや企画があるのなら、ここで「自分は○○できるのですがお役に立てるでしょうか」と提案するタイミングでもあります。ただし、どんなに時間をかけて立派なプランをつくっていたとしても、口に出す前に立ち止まってこう自問することも大切です。

- 本当にお相手のためになるだろうか。
- 単に自分がお相手とつながりたいだけではないだろうか。
- せっかくつくった企画だからとにかく提案しなくてはもったいない、となっていないか。

これらの問いに少しでも動揺するようであれば、提案は控えたほうがいいと僕は思います。

自分の想いと企画はさておき、まっさらな気持ちでお相手が「いま」何を必要としているのかを真摯にうかがうことに集中しましょう。そのうえでその場で提案できることがあればしても良いですし、時間が必要なら「宿題として持ち帰らせていただいても良いでしょうか」とうかがっても構いません。それが「次の場」をつくることになり、結果的に関係性を深めることにもなるからです。交流を続けるなかで、ひょっとすると「お蔵入り」になった企画をブラッシュアップして再提案する時機も訪れるかもしれません。

相手からフィードバックをもらう

お相手と関係を深めるうえでもうひとつ持っておきたいのが「フィードバックをいただく」という視点です。何かを提案した場合のフィードバックはもちろん、面談の場で感じたこちらへの改善点などを教えていただくのも良いでしょう。たとえば僕の場合なら、前述の女性経営者Uさんからの「取材相手にもほんのわずかでもいいから、気づきを与えられるようになれば、早川さんはもっといい聞き手になれると思いますよ」というアドバイスがこれにあたります。

ただしフィードバックをいただくのは「もしお時間がございましたら最後にひとつだけよろしいでしょうか……」と付した上で、必ず「ひとつだけ」に留めること。お相手の貴重な時間をいただいていることを、最後の最後までくれぐれもお忘れなく。

なぜフィードバックをいただくことがお相手と縁を紡ぐことにつながるのでしょうか——それは、お礼とあわせていただいたフィードバックを実践した報告を、後日お相手にできるからです。忙しい先方に再度ご連絡することをためらう方もいるかもしれませんが、あなたがお相手の立場ならどうでしょうか。当日フィードバックしたことを真摯に実践し、報告してくれた人に対して感心することはあっても、不快に思うことはないのではないでしょうか。実際、これまでお目にかかったトッププランナーの方の多くも「フィードバックに対する実践がうまくいった人はもちろん、たとえうまくいかなかったとしても『何がうまくいかなかったのか』を具体的に報告してくる人にはむしろ誠実さを感じるし、さらにフィードバックしてみたくなる」と仰っていました。僕の周囲を見渡しても面談の場を一度きりで終わらせずにお相手と仕事を始めたり、師弟関係を築いたりしている方は、この「フィードバックをいただく→実践する→報告する→またフィードバックをいただく」のサイクルを徹底しているように思います。

日頃からできる四つのトレーニング

ここからは、他問力向上のためにすぐできるトレーニングをいくつかご紹介します。ご自身のライフスタイルや嗜好に合わせて「これならできそう」と思うものから実践していただけたら幸いです。

①現在・過去・未来を聞く

他問力を磨くために大切なのは、何といっても実際に他問する場を増やすこと。これに勝るものはありません。とはいえ、多くの方にとって日常生活で「未知の誰かと1対1で対話する」機会をつくるのは容易ではないと思います。

そこで有効活用していただきたいのが、パーティや交流会などです。こうした場は多かれ少なかれ初対面の方と1対1で話す機会があるからです。不特定多数の人たちが集まる場は苦手……という方の気持ちはよく分かります。ですが、見方を変えれば「多種多様な方に他問できる」絶好の場ともいえます。しかも同じ場で複数の方と対話することもできます。まして、アポ取りの必要もないのですから、これほどありがたい場所はありません。

しかし、いくらパーティや交流会が本番に役立つ場だと理解していても、苦しいだけでは続きませんよね。僕自身これまで何度も書いてきたとおり、昔は不特定多数の人が集う場が憂鬱で仕方がありませんでした。初対面の方々と何を話せばよいか分からなかったからです。ですが、今では楽しんで参加できるようになりました。なぜなら、各界に太い人脈を持つある方からかつて教えていただいた質問術があるからです。

それは、お相手の現在→過去→未来を順番にうかがう、というものです。

この質問術を使うことで、こちらから何をうかがうか都度悩むことがなくなりました。おかげで以前ならわずか3分の会話が永遠のように感じられたのに、今ではあっという間に15分過ぎてしまっていたということも珍しくありません。

以下は、僕がある交流会の場で出会った方とのやりとりです。実際はここまでかっちりした「一問一答スタイル」ではありませんでしたが、わかりやすく理解していただけるようあえてその他のやりとりは省略しています。

早川――いまどんなお仕事をされているのですか。（現在）
お相手――心理カウンセラーとして開業しています。
早川――どんな悩みを抱えた方が多いのですか。（現在）
お相手――〇〇な方や〇〇な方が多いですね。
早川――どこで開業なさっているのですか。（現在）
お相手――〇〇です。
早川――なぜこのお仕事を始められたのですか。（過去）
お相手――心の病にかかった友人を見て、助けられたらと思ったからです。
早川――開業にあたりいちばん苦労されたことは何ですか。（過去）

お相手――最初のクライアントを見つけることと、カウンセリングルームなど固定費の支払いです。
早川――これからどんな展開をしていきたいですか。（未来）
お相手――〇〇にチャレンジしていきたいですね。

面白いのは、この手法でお話をうかがうとかなりの確率でお相手と自分の共通点や興味深い話が見つけられることです。事実このカウンセラーの方とのやりとりでは、僕自身がかつて自律神経を患ったことをきっかけに臨床心理士を志した時期があったことなどを明かし、初対面とは思えないほど深い部分まで語りあうことができました。ですから、たとえ「この人とはちょっと合わなそうだな」と感じるような方とも、先入観にとらわれず現在・過去・未来をうかがってみることを強くおすすめします。

また、こうした交流会やパーティなどの場で、パワフルかつ一方的にご自身のことを話し続ける方がいたとしても、めげる必要はありません。

僕もかつてこうした方が苦手で、表面的には聞くそぶりをしながらも完全に上の空。するとほとんどの場合お相手はご自身のお話が終わると、すぐに「それでは！」と去ってしまっていました。僕はいつも「一方的に話して去って行くなんて身勝手な人だ」と思っていました。ですが、今考えれば身勝手なのは自分の方だったと反省しています。耳は傾けていても、心を全く開いていなかったからです。これではお相手も居心地が悪かったはずです。自分の話を聞いてくれない相手に心を開くはずがありません。

そんなときにこの「現在・過去・未来を聞く」を使えば、自分とは価値観が違うと思っていたお相手であっても何らかの共通点や興味深いお話が見つけやすくなります。仮に見つけられなかったとしても、人は自分の現在・過去・未来をしっかりと聞いてくる相手におのずと心を開いてくれるもの。「早川さんはどんなお仕事をされているのですか」というように、こちらに興味を持ってくださることも少なくありません。

「現在・過去・未来を聞く」を使うと、初対面のお相手だけでなく、身近な友人や職場の仲間、家族など、どんな方とでも、ゆとりあるコミュニケーションが図れるようになります。ぜひ積極的に取り入れていただけたらと思います。

②優れたインタビューや聞き手に触れる

あなたが心から「面白い」と思えるトーク番組やインタビューコンテンツを見つけ、触れるのもおすすめです。お気に入りの聞き手が見つかったら、彼らの媒体を順にチェックしていくのも良いでしょう。また、話し上手な方の多くは聞く（質問する）のも上手いので、そんな観点でお手本を探すのも良いかもしれません。彼らがどんな他問をするかはもちろん、どのようなスタンスで対話しているかをぜひ感じ取っていただけたら幸いです。

僕がフォローしているのは次の5人（敬称略）。トークももれなく面白いです。

・沢木耕太郎（ノンフィクション作家）

『深夜特急』（新潮文庫）『テロルの決算』（文春文庫）などノンフィクションの名作

を数多く生み出してきた沢木さん。「人の話を聞くことは面白い」という会うことの醍醐味をいつも思い起こさせてくれます。

それが体現されているのが、俳優の斎藤工《たくみ》さんとのラジオ対談。ある企画で『深夜特急』を朗読した斎藤さんが沢木さんに同作や最新作を中心にさまざまな質問をしていく構成で番組は始まるのですが、いつの間にか沢木さんがインタビュアーのように。それについての二人のやりとりに、沢木さんらしさが垣間見えました。TBS Podcast『特別対談・斎藤工×沢木耕太郎』で、斎藤さんから「沢木さん、本当に引き出すのが上手すぎて……」と言われた沢木さんは「質問してくれて、もちろん一生懸命答えますよ。だけど、人の知らない話聞いた方が面白いじゃん。だから自分の話よりもやっぱり人の話を聞きたいなって思うことの方が多いの。本当に素朴に」と答えていました。

自分にはそこまでの好奇心はないなあと感じてしまう方もいらっしゃるかもしれません。でも、好奇心は「持とう」と気負わなくても大丈夫だと僕は思うんです。人の話から知らないことを知る驚き。あなたもそんな経験はありませんか。あれば、それは、人に話を聞く第一歩です。沢木さんから繰り出される質問や発言の多くがその強い純粋性から生まれたものだと相手も感じとれるから、多くの方が心を許してしまうのだと僕は思います。

・阿川佐和子（エッセイスト・小説家）

２０１２年に発売された『聞く力——心をひらく35のヒント』（文春新書）がベストセラーになった阿川さん。週刊文春の人気コーナー『阿川佐和子のこの人に会いたい』は１５００回を超える超長寿連載となっています。最大の魅力は初対面であれ、どんなに著名な方であれ、自然でフラットな対話ができること。お相手はインタビューを受けているというよりも、楽しくおしゃべりをしている感覚なのではないかといつも感じます。

「まるで友人とお茶をしているかのように普通に接する」阿川さんのスタイルは、インタビューの理想型のひとつだと思います。もちろん、いつでもだれとでもフラットに接することは決して簡単ではありません。これを彼女の天賦の才やキャラクターのなせる業とみる方もいるかもしれません。しかし、僕はお相手に対するやさしさや気づかいもこのスタイルを築くうえで根幹を成しているのではないかと感じています。

その極みは逮捕騒動直後の内田裕也さんへのインタビュー（『週刊文春』２０１１年7月14日号）。開口一番「内田さ～ん、一体どうしちゃったんですか」と阿川さん。対談を読んだとき「いきなりそれを聞くのか！」と驚いたことを覚えています。おそらく当時多くの人が腫れ物に触るように内田さんに接していたでしょう。だからこそ彼女は、あえて最初に、しかも明るく聞いたのだと僕は思います。そのやさしさが伝わったからでしょうか。内田さんも「いや、お騒がせして申し訳なかった」とやわらかく返し、留置場生活の様子を気さくに話し始めたのが印象的でした。

技術や経験も大切ですが、相手の気持ちや状況を深く慮る心を持ち続けること――阿川さんからはいつもそのことを教えていただいています。

•ラリー・キング（米国のブロードキャスター）

世界で最も有名な放送人として知られ、トークの帝王、マイクの名匠とも呼ばれています。１９８５年から２０１０年までＣＮＮで放送されていた『ラリー・キング・ライブ』には、トランプ、オバマ、カーターをはじめ米国歴代大統領や、ビル・ゲイツ、レディ・ガガ、トム・クルーズ、アンジェリーナ・ジョリーなど無数のセレブたちが出演、他のメディアでは決して見せない「素顔」を見せていたのが印象的でした。その秘訣は、彼自身が著書『〝トークの帝王〟ラリー・キングの伝え方の極意』（ディスカヴァー・トゥエンティワン）で「話し上手になるための鉄則」として挙げている「相手に興味を示す」「自分のことを率直に伝える」ことにあるのでは、と僕は彼のインタビューを見ているといつもそう感じます。たとえばスティーヴィー・ワンダーとの対談でのこんなやりとり（以下一部抜粋）。

偉大なるスティーヴィー・ワンダーとの時間も残り少なくなってきました。ああ。本当に信じられない体験ですよ、あなたのような人とこうして膝を交えて、じかにあなたの存在を感じられるというのは。ブルックリン生まれの平凡な少年にとって、これは……

一見何気ないこの会話に、実はふたつの要素がどちらも入っています。しかもテ

クニックに溺れることなく、心からそう思っていることが文面だけでも伝わってきます。もしインタビュー終盤にこんなことを言われたら、きっと少なからぬお相手は嬉しくなって「もっといろんな話をしたいな」「あの話もしてしまおうかな」と思ってしまうのではないでしょうか。

キングは残念ながら2021年に87歳で亡くなってしまいましたが、YouTubeで検索すれば多くのインタビューが見つかると思います。日本語字幕付きの動画も上がっているのでぜひチェックしてみてください。

同番組を書籍化した、日本語対訳付きの『インタビューズ――ラリー・キング・ライブ・ファイナル』(CNN English Express編、朝日出版社)もおすすめです。放送された実際のインタビュー音声が収録されたCDと電子書籍版データも付属されており、いつでもどこでも彼の質問とトークに触れることができます(ご紹介したスティーヴィー・ワンダーとの対談も収録)。なかでもビル・クリントン元大統領に「不適切な関係」を語らせたインタビューは秀逸。相手がいちばん話しづらい部分を引き出す他問力にはただただうならされるばかりです。

・オプラ・ウィンフリー（米国の司会者／プロデューサー）

かつて放送されていた『オプラ・ウィンフリー・ショー』の同国での週間視聴者数は推計4600万人。史上最高のトーク番組とも言われています。『徹子の部屋』のグローバル版といえば、イメージがわくでしょうか。

自身も世界的なセレブでありながら、「お茶の間目線」を持つオプラのバランス感覚は超一流。視聴者はもちろん、瞬く間に相手の心を開く他問力と人間力には脱帽です。印象的なのはパンデミックのさなかに行われたオバマ元米大統領とのオンライン対談。「人と会ったり、外出したりしづらい今、何をして過ごしているか？」という本題前のアイスブレイクの時間。彼女はこんな話をオバマにします（以下要約）。

3月8日から家にいるの。予約した眼科には行ったわ。あとはマンモグラフィーの検査へ。家で映画を見るわ。見たかったものなどをね。『ザ・クラウン』は全話見た。ポプシクル（アイスキャンディー）の制覇にも挑戦し始めた。23種類あ

――るの。パンプキン味にスイートポテト味も。金曜の夜はダンスもするしパズルもする。読書もしてる。

自分以外の人たちは何をしているのだろう？　この時期誰もが気になった話題に、まず自らをさらけ出すオプラ。キング同様、ここまで飾ることなく語られたらお相手もお茶の間の視聴者もつい心を開いてしまいますよね。実際この後にオプラから「あなたはどうですか？」と聞かれたオバマは、妻ミシェルとツーリングに行ったり、ゲームで盛り上がったりしていることを明かしていました。高度な知識や技術を使わなくても人の心をつかむことはできる――オプラはいつもそのことを教えてくれます。

そんな彼女のトークやインタビューに触れるうえで、最もオススメしたいのはApple TV＋。オバマをはじめ、マライア・キャリー、スティーヴィー・ワンダーなど各界のトップランナーと対談する『The Oprah Conversation』、ベストセラー作家にインタビューする『Oprah's Book Club』、彼女と英国のヘンリー王子がホストをつとめるドキュメンタリー『あなたに見えない私のこと』などが日本語字幕付きで見られます。有料チャンネルですが、オリジナルの映画やドキュメンタリーなども見放題で月額900円（2024年12月現在）。他問力を磨きながらエンタメも楽しめると考えれば決して高くないと思います。

まずは無料で触れたいという方は、YouTubeで「オプラ・ウィンフリー」「字幕」と検索すれば、いくつかのトークに触れられます。個人的には『ハリー・ポッター』シリーズの著者J・K・ローリングや世界的ファッションブランドの生みの親であるラルフ・ローレンとの対談は非常に見応えがありました。また、彼女のポッドキャスト番組『Oprah's Super Soul』は日本でも聴けます。英語の勉強もかねて聴くのも良いかもしれません。

・ティモシー・フェリス（米国の起業家）

「4時間」をコンセプトに、仕事、身体、料理などにまつわる本を執筆、デビュー作『The 4-Hour Workweek』（和訳『「週4時間」だけ働く。』田中じゅん訳、青志社）

は、全米ベストセラーになりました。Uber、Shopify、アリババなどへの投資家としても知られています。そんな彼のポッドキャスト『The Tim Ferriss Show』は累計10億ダウンロードを超え、米国のポッドキャストランキングでは常に上位に入る人気番組。アーノルド・シュワルツェネッガーや『アルケミスト』著者のパウロ・コエーリョ、Spotifyの創業者ダニエル・エクなど、世界中のセレブや起業家がゲスト出演し彼と対談しています。

ティムの魅力はなんといっても、生き方の本質を問う質問にあります。番組では、著書で読者に投げかけた「もし1週間で4時間しか働けなかったら何をするか？」と同じく、相手の心を大きく揺さぶったり、深く考えさせたりする質問を次々にトップランナーにも投げかけていきます。たとえば次のような質問。

- ここ半年（または最近の記憶）で、あなたの人生に最もポジティブな影響を与えた100ドル以下の買い物は何ですか。
- 失敗したこと、あるいは失敗と思われることが、後の成功にどのようにつながりましたか。「お気に入りの失敗」はありますか。

- これまでの投資で最も価値あるものは何ですか。（お金、時間、エネルギーなどの投資でもかまいません）
- これから「現実の世界」に入ろうとしている大学生にどんなアドバイスをしますか。彼らが無視すべきアドバイスは。

番組は全編英語ですが、彼のサイトからインタビューの文字起こしを入手することもできます。インタビューをまとめた書籍『Tribe of Mentors』『Tools of Titans』もあります（電子版もあり）。翻訳ソフトを使ってでも彼の他問力に触れる価値はあると思いますので、質問のストックを増やしたい方はぜひ。

ちなみに彼は日本への留学歴があり日本語も堪能。番組では、世界的ベストセラーになった『人生がときめく片づけの魔法』著者の「こんまり」こと近藤麻理恵さんとの対談も公開しており、時折流暢《りゅうちょう》な日本語も披露。彼女の発言も日本語で展開されるのでおすすめです。

③「ねぎま式メモ」を活用する

おすすめのメモ術でも紹介したとおり、情報の自他を区別するメモ術。だれかの印象的な発言や気になる情報をメモした際に、自分の考えや疑問、気付いたことを書き加えていきましょう。日頃からこの手法を実践することで他問力はもちろん、発想力や企画力も高まります。

もしあなたが各界の第一線を走る方にお目にかかるのであれば「君はどう思う？」と逆に質問されることも多いので、そのためのトレーニングにもなります。一石三鳥にも四鳥にもなる有益な手法なのでぜひ試していただければと思います。

最近このメモが特に役立ったのは、ベルリン在住の小説家・多和田葉子さんに『白鶴亮翅』（朝日新聞出版）についてお話をうかがったとき。事前リサーチで僕は次のメモを残していました。

○多和田さんは、作品をつくるときはいつも何か新たな試みやチャレンジをしている

☆今回の作品での新たなチャレンジは何か？

こう書くと非常にシンプル。ですが、ねぎま式メモを使って「物理的に書き出す」というアクションをとらなければ「☆の質問」は導き出せなかったかもしれません。インタビュー本番で僕がこの質問をぶつけると、「それはいい質問ですね」と感心してくださり、実は……と創作秘話をうれしそうにお話しくださったことが非常に印象的でした。

④「Q&Aコーナー」に投稿する

相手の心を動かす質問ができたかどうか確認するには、文字通り「お相手がいる状況」がいちばんです。

厳密にいえば、あなたの質問が本当にその方の心に響いたかどうかはお相手にしかわかりません。でも、今の質問どうですか？　と直接うかがうのは現実的ではありませんよね。仮に響いていたとしても、あなたの人間力や雰囲気、話し方も少なからず助けになったかもしれません（もちろんこれらも大切な要素です）。

そこで、さらに「他問力を磨く」ことに特化したトレーニングを積みたいという方には、「Ｑ＆Ａコーナー」に投稿することもおすすめします。ラジオ、雑誌、テレビ、Ｗｅｂサイト……媒体はどんなものでもかまいませんが、個人的におすすめなのは各界の著名人やトップランナーが発行する有料メールマガジン（以下メルマガ）です。メールを通じて彼らに「直接質問」できるコーナーをもうけているメルマガは少なくありません。採用率１００％というメルマガはないでしょう。だからこそ、採用の可否によってあなたの他問力がシビアに評価される貴重な場になるのです。購読料という対価を払って質問するだけに、真剣度も増すはずです。もし今後彼らにお目にかかりたいのであれば、当然事前リサーチにもなりますし、誌面上とはいえ「会う前に会える」絶好の機会でもあります。ラジオ番組や雑誌に優秀な「ネタ」ハガキを数多く採用されるハガキ職人ならぬ「質問職人」として研鑽を積みましょう。

なお、最近は有料オンラインサロンやＳＮＳでこうしたＱ＆Ａコーナーをもうけている方もいらっしゃいます。お目当ての方のメルマガを見つけられなかった場合は、ぜひこちらもチェックしてみてください。

もちろん交流会やパーティなど「リアルで対面する場数を踏む」ことが大切なのはいうまでもありません。

第5章

会っている時間をワンランク上の体験にするには

前章ではお相手にお目にかかった際に「どんな質問をするか」をお伝えしましたが、現場では「どんな心構えで臨むか」と「質問以外に何をするか」も同じくらい重要です。

時間を作ってくれたお礼は絶対に

対面時、絶対に忘れてはならないのはお相手に時間を作ってくれたことへの感謝の言葉を述べること。当たり前のことと思う方もいらっしゃるかもしれませんが、緊張のあまりうっかり伝えそびれてしまう可能性もゼロではありません。ぜひ忘れずにいただけたらと思います。

対面時にまず確認する三つのこと

あわせて、次の三つも実践することでよりスムーズに本題に入れるでしょう。

①シンプルな自己紹介

ポイントはお相手の立場になって短く簡潔に、です。念願のお相手を前に「自分がどれだけこの日を待ちわびていたか」「自分が何者か」を熱く伝えたくなる方もいるかもしれません。ですが、そこは冷静に。ここまでお伝えしてきた各ステップやこれからお伝えしていくことをひとつひとつ実行していけば、自ずとあなたの想いや本気度は伝わります。

なお、紹介者の方がいればこのタイミングでお伝えすること。お相手は安心し、その後の会話がよりスムーズになるでしょう。僕は持参した手土産もここでお渡しするようにしています。

②時間のリミットをうかがう

事前に面談時間をしっかりとっていただく約束になっていても、当日急遽短縮を求められるケースは少なくありません。

上場企業の経営者Kさんにインタビューした時です。僕はアポ数日前の先方へのリマインドで1時間いただける確約を得ていました。ですが、当日現地入りすると秘書の方から「申し訳ありませんが、今日は20分でお願いできますでしょうか」とのリクエスト。いきなり3分の1の時間短縮には正直うろたえました。予め質問に優先順位をつけていたので何とか乗り切れましたが、以来僕は面談当日お相手にお目にかかった際は、本題に入る前に必ず面談終了のリミット（おしりの時間）をうかがうようにしています。先方からいきなり切り出されるのではなく、自分から心してうかがうと、動揺が比較的小さくすむからです。

③面談概要を改めてお伝えする

事前にお伝えしていることを再確認することに違和感を覚える方もいるかもしれません。多忙ななか時間を割いてくださっているお相手を前に、早々に本題に入った方がよいのでは？　と思う方もいるでしょう。ですが、どうかはやる気持ちはおさえて、必ずこの時間を設けましょう。当日ご本人にお目にかかると、そもそも面談内容そのものが伝わっていなかったり、主旨が正しく伝わっていなかったりすることも少なくないからです。むしろ伝わっていないことが当たり前くらいに思っていた方が良いかもしれません。

ゆえに、改めて直接お相手に面談概要をお伝えすることが重要です。長々と説明する必要はありません。たとえば作家の方にお目にかかる場合、僕なら「本日は◯◯（著作名）についてお話をうかがいたく存じます」「具体的には、◯◯と◯◯（メインテーマ）について詳しくうかがえますと幸いです」など、ほんのひとことふたこと交わせば、お相手がどのくらい理解してくださっているかはすぐに分かるはずです。あとは必要に応じて細かいニュアンスをお伝えしたり、お相手から何か質問があれば丁寧にお答えしたりすれば大丈夫です。

今日なぜこの場があるのか。ゴールは何なのか。本題に入る前にお互いしっかりと共有できれば、双方にとってよりよき場となるでしょう。

緊張で頭が真っ白になったら

緊張しないようにしようと思えば思うほど、かえって緊張してしまった――そんな経験をした方は少なくないと思います。そこでおすすめしたいのが、緊張している自分自身を認め、お相手にもさらけ出してしまうことです。

僕自身、面談の冒頭でほぼ毎回、緊張していることを素直にお伝えします。お目にかかれたことの感謝や喜びとともに伝えれば、いぶかしがられることはまずありません。むしろ「ああ、それほど今日の場を真剣に思ってくれているのだな」と好意的にとってくださり、緊張をほぐしていただいたことも少なくありません。

もちろん、その後の面談中も緊張が完全になくなることはないでしょう。お相手が自分の憧れの方だったり、著名な方だったりすればなおのこと。ましてお相手から想定外の返答や質問があったときは、とたんに頭が真っ白になってしまうこともあるでしょう。

しかし、そんなときでも基本のスタンスは同じです。テレビの生放送ではないのですから、正直に「申し訳ありません。緊張のあまり頭が真っ白になってしまいまして……」と真摯にお伝えすれば大丈夫です。そして、まずはすーっとひと呼吸おいて、心の中でこう問いましょう。

「自分はなぜこの場にいるのか？」

これはあなたがこれまでのステップで何度も繰り返してきた自問です。きっと答えはすぐに出てくるでしょう。それでもなお、気持ちが落ち着かなかったら質問をこう変えてみましょう。

「今日この場でこれだけは持ち帰りたいこと（＝お相手にうかがいたいこと）は何か」

あなたにはこの間が永遠のように感じられるかもしれませんが、おそらくほんの10〜20秒。すでに緊張をお伝えしているのですから、先方はあなたほど沈黙を気にしていないことがほとんどです。どうしてもお相手の視線が気になる方は、ノートに何かを書きながら考えるのがおすすめです。

すべてのリサーチはいったん忘れる

事前リサーチはもちろん大切です。何をどんな順番でうかがうか、シミュレーションしておくことも必須です。ですが、それらにとらわれ過ぎて目の前にいるお相手と向き合えなかったら本末転倒。ここは腹を決めていったん頭の中を「まっさら」にしてから本番に入りましょう。

もちろん用意してきた質問やメモを見返すのがNGということではありません。ただ、目の前の方に耳と心を傾けることを何よりも大切にしていただきたいと思います。そうしないと、思い描いたシナリオと現実が違っていたときに、動揺して自分を見失ってしまいかねません。

今から10年以上前、当時飛ぶ鳥を落とす勢いだった有名起業家のZさんにインタビューする機会がありました。僕はそれなりに経験を積み、ある程度自信がつき始めていた時期でもありました。そんなタイミングで迎えた本番当日。強烈な個性を持つ彼をどう攻略しようか――不遜にもそんな思いで本番に臨んでしまいました。

冒頭から自分がつくりあげたシナリオにそって順に質問するという愚行を犯してしまったのです。

結果は大失敗。面談テーマの本質に最後まで触れることができなかったばかりか、お相手を不快な気持ちにしてその場を終えることになってしまいました。

いま思えば原因は明らかです。Zさんは当時あるテクノロジーに熱中しており、どの取材でもその話をしていました。もちろん僕もそれを知ってはいましたが「まだ誰も聞いていない質問」や「相手の心を動かす質問」をしようと躍起になり、そのテクノロジーの話題には触れようとしませんでした。恥ずかしながらこの場を自分の力試しの機会だと思っている節がどこかにあったのです。

それゆえ、冒頭から自分の筋書き通りにインタビューを進めることに囚われ、目の前のお相手が何を話したいかしっかり受け止めることが全くできていませんでした。彼は決められたセリフを「言わされている」ような窮屈な感覚を持ったことと思います。本当に申し訳ないことをしてしまいました。

今の自分なら迷わずZさんが熱中しているテクノロジーのお話をうかがいます。

そのうえで機を見て本題に入ります。大切なのは質問を全部こなすことでも、シナリオ通りに進めることでもありません。お相手が何を話したがっているのか、どこに触れてほしがっているのか――僕はこれをホットポイントと呼んでいます――に心を配り、ていねいにキャッチアップしていくことです。それがお相手に快適にその場を過ごしていただくことにつながり、ひいては自分が望む（もしくはそれ以上の）結果を面談から得ることにもつながるとこれまでの経験から思います。

話題の〝ホットポイント〟の見つけ方

では、お相手のホットポイントはどうすれば見つけられるのでしょうか。Zさんの場合のように事前リサーチでこれだろう！　とある程度あたりがつけられている場合は、素直にそこに水を向けましょう。

リサーチであたりをつけられなかった場合も心配はいりません。現場でのお相手の表情やしぐさ、話す熱量やスピード、ジェスチャーなどに心と目を配れば自ずと「ああ、この方はこの話題が好きなんだな」とわかるはずです。

ひとたびホットポイントを見つけたら前のめりに話を聞いてみること。真剣に話を聞いてわからないことがあれば、正直に教えを乞うてみましょう。人は、自分の好きなものや関心を寄せる事柄に興味を持つ相手に嫌な気はしないもの。たいていの方は喜んでお話ししてくださるはずです。お相手のホットポイントに触れることは、あなたの視野や世界を広げる新たなチャンスでもあります。ぜひ積極的に見つけていただけたらと思います。

相手のふところに飛び込む

面談の場はお相手に快適に過ごしていただくのが大原則。ホットポイントとは逆に、その方が触れてほしくない話題が事前にわかっていれば避けるのが賢明です。対話するなかで「ここは触れてほしくないんだな」と感じることがあれば同様です。

しかしもしそれが、あなたにとって面談の核となるようなポイントだったら、勇気を持ってうかがうことも時に必要です。

ただし、お相手を傷つける意図はないこと、むしろ何らかのプラスになると確信したうえでうかがうこともあわせて丁寧にお伝えするのが絶対です。

起業家のEさんへのインタビューがまさにそのケースでした。僕はそれ以前から何度か仕事をご一緒する機会があり、敏腕なのはもちろん、生き方も非常に魅力的。困った人がいればいつでもどこでも助けに行くスーパーマンのような方でした。スタッフやクライアントからの信頼も厚い。運動や食事も徹底して自分を追い込み、まるでアスリートさながら。完全無欠を体現する方でした。

だからようやく実現した自分の番組での対談で最もうかがいたかったのは、彼にとって人生最大の挫折は何だったのか？　という問いでした。

インタビュー終盤、僕は思い切ってこの質問をEさんに切り出しました。

彼は少し考えてから答えました。

「うーん、それが意外とないんですよねえ」

そうフレンドリーに答えてくれるEさん。

「いやあ、そうはいっても一度や二度くらいはありませんか」と笑顔で粘る僕。

苦笑いしながら考え込むEさん。

「そうだなあ……あえて挙げるとしたら、10代前半で渡米したことでですかね。僕自身は挫折とか辛かったとかあまり思っていないのですが、周りからは大変だったでしょうと良く言われるので」

返ってきたのは、またしてもはぐらかされた感がある答え。真実や本音を引き出せない非力さに悔しさが湧いてきます。


ここで大きく深呼吸。僕は、これまでインタビューしてきたトップランナーたちが必ずといっていいほど大きな挫折や失敗を体験していたことを頭に思い浮かべました。

彗星のごとく世に現れたように見えるスターたちにも「前夜」があります。その中ではほとんどの方が多かれ少なかれ挫折や失敗を経験しています。苦難をどう乗り越え現在にいたったかを僕はうかがいたいし、番組リスナーの方も知りたいのではないかと思いました。

覚悟を決めた僕は、ICレコーダーを止めてEさんにこうお伝えしました。

「僭越ながらこの番組にはミッションがあります。それは、ゲストも、それを聴いた方（リスナー）にも何らかのプラスを持ち帰っていただくことです。率直に申し上げて、リスナーさんが知りたいのはゲストの方のいちばん人間くさい部分。成功談よりも失敗談だと僕は思うのです。たしかにご自身の『挫折のストーリー』をわざわざ国内外何万人ものリスナーの前にさらしたくないかもしれません。ですが、僕はつらい思い出を興味本位で面白おかしくほじくり返したり、パパラッチのように執拗に追いかけたりしたいわけではないんです。恐縮ながら僕はこう思うのです。リスナーの方が最も心を打たれるのは『失敗とは無縁に見えるEさんもこんな苦労を乗り越えてきたのか。それなら今の自分の苦境なんてたいしたことはない。もう少し頑張ってみようかな』と思わせるエピソードではないかと。Eさんならきっとこのことを理解してくださると思い、この質問をさせていただきました。何より、挫折や失敗のストーリーを聞いても、Eさんのファンは増えこそすれ、減ることは決してないと思います。どうか僕を信じてお話しいただけないでしょうか」

僕はＩＣレコーダーの録音ボタンを再びオンにして、その時を待ちました。しばしの静寂を経て、彼は静かに口を開きました。

「番組が暗くなるといけないから、どうしようかなと思ったのだけど……」

そう言って、Ｅさんはサクセスストーリーの裏側を明かしてくださいました。プロフィールには書かれることのないカッコ悪いエピソードを話し終わった後のＥさんは、それ以前よりもさらに輝いて見えました。

腹をくくり、お相手のふところに飛び込む。興味本位ではなく、結果的にはお相手のプラスにもなることを真摯かつ自信を持って伝える。こちらの覚悟と相手へのリスペクトがしっかりと伝われば、自ずとお相手の心も開かれ、本音や本質に触れやすくなります。どうかそのことを忘れずにいただけたら幸いです。

会っている間のメモのとり方

百聞は一会にしかず。リアルの場で得られる情報は実に得がたいものです。その場で感じ、考えたことはもれなく書きとめていきましょう。会った時だけでなく、会った直後、翌日、と少し間をあけることで思い浮かぶメモも貴重です。タイミングを変えて書き出してみるのも良いでしょう。

ただし忘れてはならないのが、現場はメモをとるのが目的ではなく、相手と対話する場所だということ。メモをとることに躍起になりすぎて、心ここにあらずにならないように用心したいものです。

おすすめしたいのは、「何をメモするかをあらかじめリストアップしておく」こと。そうすることで「とにかくメモをとらなければ」という観念から解放され、ゆとりをもってお相手との対話に集中しやすくなります。僕はチェックリストをノートに事前にメモするようにしています。

- お相手はどんな価値観を持っているのか。
- 何を大切にしているのか。
- どんな1日を送っているのか。
- 服装や身につけているものは。

・何か課題や問題を抱えていないか。
・その場で発見した共通点はないか。
・今何に関心を持っているのか。
・どんな持ち物を持っているのか。
・特技や趣味は何か。
・苦手なことは何か。
◎陰でサポートしてくれている人は誰か。
◎面談終了直前・直後に呟いた一言はなかったか。
◎対面時、最も刺さった一言は何だったか。

僕はなぜこれらの項目を挙げたのか――それは、ゆとりを持って本番に臨めるだけでなく、お相手により快適な時間を過ごしていただいたり、お役に立つ機会にもつながったりするからです。たとえばお相手の1日の流れや特技・趣味に自分と共通点があれば、その話題で盛り上がっていただけるかもしれませんし、服装や持ち物で心引かれるものがあれば、それについて触れることで喜んでいただけるかもしれません。また、価値観や課題をメモしておけば、何かご提案できるかもしれません。

なお、◎が付いている項目はお相手に感謝の気持ちを伝えつつ、今後も関係を紡いでいくための非常に重要な項目なので詳しくお伝えします。

◎陰でサポートしてくれている人は誰か

面談の場は、当然ながらお相手に目も意識も向きがちです。しかし、アシスタントや秘書の方などアポ取りから現場対応まで裏方でサポートしてくれている方がいる場合も少なくありません。彼ら彼女らに礼を尽くすことも忘れないようにしましょう。この場を用意してくださった方をしっかりと大切にすることが、結果的にはお相手とさらに縁を深めることにもつながっていきます。

◎面談終了直前・直後に呟いた一言はなかったか

初対面の場合はお相手もそれなりに気を張っているもの。だからこそ、緊張の糸が解ける面談終了直前・直後はお相手の素が垣間見られる貴重な時間です。面談時は答えづらそうにしていた質問を投げかけてみると、驚くほどすんなりとお答えいただけることも珍しくありません。それればかりか「さっきいただいた質問ですが、実は……」とより詳しいお話をうかがえることも少なからずあります。もちろんオフレコだからこそ言えることもあるでしょうが、開始前よりあなたに心を許してくれていることの表れでもあります。そしてその一言には、あなたが改めて提案したり、役立ったりするためのヒントがあるかもしれません。対面の場が終わったらほっと一息つきたいところですが、会場を離れる最後の最後まで、お相手に心を傾けるようにしたいものです。

◎対面時、最も刺さった一言は何だったか

貴重な時間を割いてくださった方に、僕はできるだけ当日中にお礼の手紙をお送りするようにしています。

当日送付というスピード感と、メールやチャット全盛の時代にあえて手紙を書くことで、よりお相手への感謝の気持ちが伝わると思うからです。とはいえ、よほど筆まめな方でない限り、何を書けば良いかは悩みますよね。そこでメモしていただきたいのがこの「対面時、最も刺さった一言は何だったか」。たとえばこんな文言です。

「◯◯（のエピソード）が胸に刺さりました」
「◯◯が目から鱗でした。早速実践させていただきます」

奇をてらう必要はありません。感謝の言葉の後に、感銘を受けたことや学びを素直にお伝えすれば十分。面談当日であれば記憶もはっきりしていますし、何より熱量を持って書けることでしょう。

第 3 部

会った後編

第6章

会った「後」こそ大切にする

準備と当日の実践が功を奏し、面談は盛り上がり、うかがいたかったこともほぼうかがえました。「空白のスケジュール」を入れた甲斐もあって、面談後はお茶をご一緒することもできました。お別れのご挨拶をした際の表情を見る限り、お相手もそれなりに有意義な時間を過ごしてくださったようです。

さて面談の帰り道。あなたはいま何を考えていますか。

「くたくたで先のことはとても考えられない」

そんな方もいらっしゃるかもしれません。ですが、それほどまでにエネルギーと労力を使ったからこそ、「一度きり」で終わらせるにはあまりにもったいない。僕はそう思います。

「あんなすごい方がまた自分にお目にかかってくれるとは思えない」

先方が高名な方であればそう思ってしまう方もいるかもしれません。気持ちはわかります。僕もそうでした。

でも考えてみましょう。あなたはそんな「すごい方」にすでに1回お目にかかったのです。「会えたらいいな」と想像していただけの以前のあなたと今のあなたは違うのです。どうかそのことに自信を持っていただけたらと思います。

もちろんあなたがどんなに縁を深めたいと思っても、お相手あってこそ、です。100%確実な術はありません。しかし、お相手とお目にかかった経験があるあなたには、できることが少なからずあるはずです。せっかくいただいたご縁を、深く長く続く関係にまで発展させるために、僕が実践してきたことや心がけを紹介しますので、少しでも参考にしていただけたら幸いです。

周囲の方にもお礼を忘れずに

会った当日のうちにお礼の手紙を書くことについては、前章末で少し触れました。

秘書の方や広報のご担当者、ご紹介者がいれば、そうした方たちにもなるべく早くお礼をお伝えしましょう。繰り返しになりますが、僕たちはどうしてもお目にかかったご本人に意識が向きがちです。その面談実現のために汗をかいてくださった方がいることを決して忘れてはなりません。それに、もしあなたがお相手の立場だとしたら——自分はもちろん、自分が大切にしている人たちにまで気配りしてくれる相手をどう思うでしょうか。

書く内容はお相手の場合と同様、非常にシンプルなもので構いません。大切なのは感謝の意を伝えること。そのため「はがき」でお礼状を出すのがおすすめです。非常に短い分量しか書けないからこそ、内容や言葉づかいを吟味できますし、受け取ったお相手も負担に感じにくいと思うからです。大型文具店にいけば、シンプルで素敵なデザインのものがあるので僕は定期的に3〜4種類購入し、切手とともにいつも携帯しています。

お礼はメールと手紙をセットで

時折「先方やスタッフの方は国内外を飛び回っている方。手紙はご覧になられない可能性があるのでメールではダメですか？」と聞かれることがあります。もちろんOKです。きちんと手元に届き、ストレスなく受け取っていただける媒体なら、極端にいえば何でも構いません。

ですが、僕はどんなお相手であっても、メールとあわせてお手紙も書くようにしています。ご多忙な方であればあるほど、メールだと受信ボックスの中で埋もれてしまう可能性がありますし、トップランナーや経営者の方だとそもそもいただいた名刺のメールアドレスは対外的なもので、主に閲覧しているのはご本人ではなく秘書の方だということも少なくありません。その点、手紙なら、遅かれ早かれお相手自身に届く可能性が高いと経験から感じています。

もちろん、手紙でもメールでも感謝は簡潔に述べるに留め、お相手やスタッフの方にご負担を感じさせない配慮は必要です。質問したり、提案したりするなどもってのほか。それらは改めて別の機会に、と考えましょう。

お相手へのホウレンソウも必ず

「報連相《ホウレンソウ》」は、お目にかかったお相手と関係を深めていく際にも有用です。

面談時にお相手の役に立てそうな企画をご提案する約束をしたならもちろんのこと、面談についてのフィードバック以外にも先方から何らかの助言をいただいた場合は、実践した結果に関するご報告も欠かさないようにしたいもの。ホウレンソウは、お相手とのコミュニケーション頻度や深度を高める貴重な機会だとぜひ心に留めていただけたらと思います。

直接連絡先を交換していないのであれば（著名人や大企業の経営者の場合は少なからずこうしたケースがあります）、秘書や担当の方を通じてでも構いません。

本書ではこれまでお相手だけでなく周囲の方も大切にすることを繰り返しお伝えしてきました。そのひとつひとつを実践していくと、こうしたご相談をした際に、むげにされることは少ないはずです。彼らの助けを借りて間接的に連絡した方が上手く運ぶケースも少なくありません。

「初めてのお誘い」は断らない

「そういえば、来週パーティがあるのでよろしければいらっしゃいませんか？　ご紹介したい方もいますし」

「来月展覧会を開きます。よろしければご招待しますので仰ってください」

お相手がビジネスパーソンやアーティストなど、交流やお披露目の場を催すことが多い業種や職種の方の場合、対面時はもちろん、後日ご本人やスタッフの方からこうしたお誘いをいただくことがあります。

僕はお相手からの「初めてのお誘い」は他の用事より優先して参加させていただくようにしています。再度お目にかかれるありがたい機会ですし、何よりわざわざ声を掛けてくださった気持ちにお応えしたいですよね。

人が多いところは苦手。正直内容もあまり興味がわかないし、超絶的に忙しいので今回はパスさせていただこうか。また機会はあるだろう——。そう思う方もいらっしゃるかもしれません。ですが、もしあなたがお誘いする側で最初のお誘いを断られたらどうでしょう。理由はどうあれ、僕ならその後、誘いにくくなってしまうと思います。せっかくお相手の方から縁を深めるためのファーストコンタクトをとってくださっているのに、こちらから断ってしまうのはあまりにもったいない。

とはいえ、お誘いいただいた日時に重要な先約が入っていたら……。長年僕もこの問題に悩まされてきました。しかし、ある対談でご一緒させていただいた際に、コシノジュンコさんが一発回答してくださいました。

「そんなの両方出ればいいじゃない。途中退席、途中参加になったとしても、お相手は来てくれたら喜ぶと思うわよ」

目からうろこでした。あれだけ多忙なコシノさんが各界に幅広い人脈を築いていらっしゃるのは、彼女の人望や人徳はもちろん、お相手すべてを大切にする行動の積み重ねの由縁だと恐れ入りました。

以来、僕も大切なお誘いが重なった場合、どうにかして両方に参加することを心がけています。タクシーはもちろん、遠方の場合は新幹線や飛行機を使うこともあります。それぞれ最初と最後の10分ずつしか参加できなかったこともあります。

それでも、コシノさんが仰っていたように、むしろ先方の多くは「わざわざ忙しいなか足を運んでくれてありがとう」と喜んでくださいました。お相手とのご縁を紡げると思えば、これほど意味のあるお金の使い方はないと個人的には思っています。

相手のために考える時間を予定する

お目にかかった直後は「いろいろアイデアを出してみよう」「企画を考えよう」とはりきっていたのに、気付けば1週間、1カ月、半年と経ち、再びコンタクトをとるタイミングを逸してしまった……。そんなことにならないように気をつけたいものです。

とはいえ、あなたにも日常生活がありますよね。仕事もあるし、プライベートな予定やご家族との時間などで日々精いっぱいという方も少なくないと思います。

そこで、スケジューリングです。といっても、特別なことをする必要はありません。お相手との初めての面談を終えたら、すぐに「○○さんのことを考える時間」とスケジュール帳に書き込んでおけばOKです。

特に「一生のお付き合いをさせていただきたい」と思うような方であれば、SNSやインタビューで近況や言動をチェックしたり、直近の作品に触れたりしつつ「喜んでいただける企画をつくれないか」「何か役立てることはないか」と、その方のことを考える時間を定期的に組み込むことをおすすめします。急ぎ提案するお約束がある場合をのぞいて、頻度は「週1回15分」でも「月1回1時間」でもご自身のペースで構いません。大切なのは継続してこうした時間を持つことです。

ひとたびお相手を想うことを習慣化できれば、以降は細かくスケジューリングしなくとも「いつでもどこでもうっすらとその人にアンテナを張っている」状態になってきます。こうなるとありがたいことに、スキマ時間、移動中、読書中、運動中、入浴中など、ふとした瞬間に「あの人の役に立つかもしれない」と思えるようなアイデアが湧いてくることが増えてきます。そんな自分づくりの第一歩として、ぜひスケジューリングから始めましょう。

「その先」の人まで喜んでもらえることを考える

そもそもお相手が喜ぶことが何なのか分からなかった——そんな声もあると思います。そんなときに役立つのが、お相手の「その先にいる人」に想いを馳せること。ビジネスなら顧客やスタッフの方々。プライベートならご家族やご友人が喜ぶことは何だろうと精いっぱい想像力を働かせてみるのです。

鳥越俊太郎さんとのことをご紹介します。65歳で大腸がんのステージ4を宣告されながら、現在もジャーナリスト活動を続けていらっしゃいます。初めてお目にかかったときは70歳を過ぎていらっしゃいましたが、エネルギーに満ちあふれ、忙しく飛び回っていらっしゃったのを思い出します。

当時、「近々イラクに取材に行こうと思っている」とご本人から聞き、度肝をぬかれたのを覚えています。同時にこんな想いがわき出てきました。世の中を少しでも良くしようと文字通り命をかけて活動している鳥越さんのために、何か少しでも役立つことはできないだろうか――そのなかから出たアイデアが彼のポッドキャスト番組をつくることでした。もちろん鳥越さんほどの実績があれば、大手メディアのサポートを受けて取材したり、ラジオ番組を持ったりすることもできたと思います。しかし、当然ですが番組の尺は決まっていますし、放送日時も自由には決められません。彼が本当に伝えたいことを伝えたいタイミングで、あますことなく世の中へ届けることができたら――もし既存メディアに加えて、ご自身の独立したメディアを持つことができれば、機動性と発信力がより高まるのではないか。僭越ながらそう思ったのです。

また、ポッドキャストなら配信頻度も1回あたりの時間も自由です。イラクで取材をすれば、すぐにその状況を自らの肉声で直接リスナーへ届けられます。いっぽうでご体調いかんで今後外出できないことがあっても、ご自宅から世界へメッセージを発信することもできます。しかもＩＣレコーダーひとつで身軽にそれができる。

いつでもどこでも発信するスタイルを手に入れることで、今後鳥越さんのジャーナリスト活動をさらにアップデートできるのではないだろうか。そしてそれは彼の「その先にいる人（世間）」の役に立つことにもつながるのではないか――そんな想いから彼にご提案し、結果として番組は始まることになりました（今でこそ誰もがスマホ片手にYouTubeやポッドキャストを配信できるようになりましたが、当時は圧倒的に少数でした）。

もちろん、実際に喜んでいただけるかはご提案してみないとわかりません。お相手の気持ちを１００％汲み取ることは不可能ですし、どんなに確実と思える数字やデータを盛り込んだとしても、絶対に間違いないということはありません。

しかし、だからこそ、その時できるベストを尽くし100%に近いと思える提案をつくって、先方に「こんなご提案を考えたのですが、お時間をいただくことは可能でしょうか」とおうかがいしてみる。結果はコントロールできませんが、少なくともあなたのお相手を想う気持ちは必ず伝わります。こうしたコミュニケーションそのものも関係を深めるうえでとても重要だと僕は考えています。

大切なのは、お相手の役に立つと強く信じたことを臆せずご提案してみること。小さなことでも大きなことでもかまいません。純粋に相手にベストだと思うものをお伝えしてみましょう。もちろん礼節は忘れずに。

尊敬はしても、ファンにはならない距離感を

「なぜお相手とお目にかかるだけでなく、その後も仕事をしたり交友を持ったりすることができるのですか?」

トークイベントやワークショップを開催すると、参加者の方からこうしたご質問をいただくことが少なからずあります。お相手ひとりひとりに理由をうかがったことはないので、あくまで僕の目線から言わせていただけばということになりますが、

意識していることがひとつあります。

それはお相手との距離感です。僭越ながら初対面の方に「親近感があります」と言っていただくことが多い僕。確かにお目にかかった際のお相手との距離感は比較的近いタイプだと自負しています。

しかし、長年お付き合いいただいている方たちとの日頃の距離感を振り返ってみると、実はそれほど近くありません。お仕事をご一緒させていただいているお相手でなければ、メールでのやりとりは3〜4カ月に1回くらい。誤解を恐れずにいえば「付かず離れず」と表現してもよいかもしれません。

もちろん、僕は彼らのことを深く尊敬しています。だからこそ、単なるファンになってしまわないように気をつけています。一旦ファンのスタンスを取ってしまうと、フラットな関係を築くのは非常に難しいからです。

僕自身、せっかく継続的にお目にかかる機会をいただきながら、ファン状態に戻ってしまい、関係が壊れてしまった苦い経験が何度かあります。ミーハーな感情や依存心が大きくなり、お相手に好かれたいがあまり、顔色ばかりうかがうようになってしまっていたんですね。結果、積極的な提案ができなくなったり、逆に距離を詰めすぎてしまったり……そんな自分を見失った状態では、先方も長く付き合っていきたいとは思えなかっただろうなと、今では反省しかありません。

いくつかの手痛い失敗を経て、僕は出会ったどなたかとお仕事をする機会に恵まれた時は「この仕事は本当にやりたいことなのか。お相手の役に立てることなのか。ただこの人と仲良くなりたいだけではないだろうか。ファンだから一緒にいたいだけではないだろうか」と自問するようにしています。

もし自分の中に少しでも迷いがあれば、どんなに魅力的なお相手やお話でも僕はその話を進めません。逆に、いったん「この方とお仕事をする」と決めた場合は、ファン感情や好意を切り離して、「相手の役に立つことは何か」という視点に徹するよう心がけています。それゆえ、僕は周囲の方々が言いづらいことも、忖度することなくお相手に伝えます。今も関係が続いている方の多くはそうした部分を評価してくださっているように思います。

特にトップランナーと呼ばれる方たちは、「裸の王様」になってしまうことを常に危惧しており、フラットに接する相手を周囲が想像する以上に必要としていると、これまでのお付き合いから実感しています。

僕は強靱な精神力を備えているわけではありません。お相手といつでもどこでも一緒にいたら、フラットなスタンスを100%貫くことは正直不可能だと思います。でもだからこそ、適度な距離感を保つことを大切にするよう心掛けています。

「相手にとって特別な日」を最大限活用する

会社の設立記念日などお相手にとって特別な日は、あなたにとっても大切な日です。こうした「特別な日」前後でもしお目にかかる機会があれば何かをお贈りしても良いですし、定期的におたよりを書くきっかけにもなります。特に活かしたいのは、誰にでも必ず訪れる誕生日。1年に1回お相手とコミュニケーションが図れる、またとない機会です。

あれは10年ほど前、作家のNさんにインタビューした時のことでした。当日の会話で誕生日が近いことを知った僕は後日、取材のお礼もかねて何かお贈りしたいと考えました。しかし、事前リサーチや当日のやりとりからは、残念ながらこれぞという品を探り当てることができませんでした。

そこで、追加リサーチです。僕は彼の秘書の方にご連絡し、インタビューのお礼を述べるとともに「ご迷惑でなければNさんに誕生日プレゼントをお贈りしたいのですが、ご相談にのっていただくことは可能でしょうか」と、ざっくばらんにうかがいました。

　すると彼の好物は桃、しかも「来週○日が誕生日なのでそのタイミングで贈っていただけたら喜ぶと思います。当日のAMの時間指定でお送りいただければNが直接受け取れると思います」と何ともありがたいアドバイスまでいただけたのです（インタビュー時は具体的な日にちまではうかがっていませんでした）。

　プレゼント後、Nさんから「ありがとうございます。早川さんの会社の方角を拝みながら食べています（笑）」とうれしいメッセージをいただいたことを覚えています。ありがたいことに彼には、その後も公私ともにお世話になっています。

　この時は、秘書の方のおかげでピンポイントの品をお贈りすることができましたが、肝要なのはプレゼントを贈ることではありません。お相手によってはモノを贈られることがご負担になる場合もありますし、郵送ですと、受け取りの時間調整でストレスをかけてしまうこともあります。

　心に留めていただきたいのは、特別な日という機会を生かして、お相手に喜んでいただけたらと想いを馳せること。そして実際に何らかのコミュニケーションを図ること。

それを定期的に繰り返すことが、縁を紡ぐことにつながります。そうした意味で、年末年始も年賀状やメッセージをお送りする貴重なタイミングになると思っています。

三方よしの場づくりのすすめ

ここまではご縁を紡ぐために大切なことをお伝えしてきましたが、もうひとつ本章でおすすめしたいのが、「会うための場づくり」の重要性です。

高いコミュニケーション力やプレゼンテーション能力を持っているわけではない僕が、毎月のように各界のトップランナーにお目にかかり続けられているのも、運営するインタビュー番組『LIFE UPDATE』という「定期的にどなたかにお目にかかってお話をうかがう」場があったからにほかなりません。

ここまで読まれた方は、会うための場＝ポッドキャストやYouTubeなどのネットメディアをつくること？　と感じた方もいらっしゃるかもしれませんが、必ずしもそうではありません。僕が定義する場とは、「三方よしの場」のことです。三方とは「お相手」「第三者（世間や社会と言い換えても構いません）」「あなた」のこと。その全員の人生に何らかのプラスをもたらす場を指しています。僕の番組『LIFE UPDATE』でいえば、次の三者がそれにあたります。

①ゲスト
インタビューが国内外で流れることで著書や活動、想いを伝えたい人にピンポイントで伝えることができる。ファンを増やすきっかけにもなる。

②リスナー
人生に役立つインスピレーションを得たり、モチベーションを得たりすることができるインタビューを聴き続けることができる。

③早川洋平（インタビュアー）
会いたい方にお目にかかりながら、番組を通じてゲスト（活動の紹介）とリスナー（人生や仕事に役立つ話を聴ける）の役に立つことができる。必然的に「会う力」

を磨き続けることにもなる。

ある時対談させていただいた女性起業家から「このしくみ反則ですね（笑）。これなら、どんどん広がるに決まってますよ」と言っていただいたことがあります。最初は彼女が言わんとしていることが理解できませんでしたが、よくよくうかがってみると番組が「三方よしの場」になっているとのことでした。

僕の例はポッドキャスト／YouTubeが会うための場になってしまいましたが、前述の通り必ずしもネットメディアやSNSを使わなければいけないわけではありません。三方よしの場になっていれば、公民館で行うヨガ教室でもいいですし、何かのワークショップや勉強会だってOKです。

自分に合う場は「好き」を基準につくる

場をつくる上でいちばん大切なのは、「あなたに合う」場かどうかです。

難しく考える必要はありません。あなたが本当に好きなこと。止めろと言われても止められないほど情熱を注ぎ込めること。お金を払ってでもやりたいこと……このいずれかにあてはまるものならどんなものでも構いません。なぜなら、途中に困難があっても「大好きなこと」や「自分の内側からわきでるもの」であれば乗り越えやすいからです。それに、アイデアやインスピレーションにも恵まれやすいため、自ずと質の高い活動も期待できます。

ここでちょっとシミュレーション。たとえば、もし「ラーメンが好き」ならあなたはどんな場をつくっていきますか。ラーメンを紹介するブログを書く、ラーメンサークルをつくる……どんどんアイデアが出てくると思います。

僕ならたぶんこうします。全国のラーメン店に足を運びラーメンを食したうえで、店主の方にインタビューします。どんな思いでこの店を始めたのか。苦労したことは。こだわりは。これからどうしていくか……広告は一切つけず、お店から掲載料もいただきません。ミシュランやメディアに出る有名店ではなく、知る人ぞ知るお店を探すのも面白そうです。そしてそのインタビューを掲載するオンラインメディアをつくってみたい。このメディアは、その後「世界のラーメン店」というように国別に展開することもできますし、取材した各店舗のご主人にオススメのラーメン店を紹介していただく「横展開」もいいかもしれません。ラーメンという枠すらはずして、「プロの料理人が通う料理店」というリレープロジェクトをつくって世界を行脚することもできます。

いかがでしょう？　ご自身にあった場をつくる際のイメージが少しわいたでしょうか。やはり好きこそものの上手なれです。

一方でこれらに該当しないもの――たとえば「尊敬する○○さんがやっているから」「時代はTikTokだから」「○○はお金になりそう」という発想から、場を選ぶのは危険です。これらはどれも「外部」に起因するもの。盛り上がっている当初は良いかもしれませんが、うまくいかないことがあったらたちまち挫折しやすいですし、他者や社会のせいにしてしまいかねません。

大切なのは、自分の「内部」からわき出てくるものかどうか。このスタート地点を間違えると、努力に努力を重ねても「会うための場」づくりは決してうまくいきません。はやる気持ちをおさえて、まずはしっかりとご自分と向き合う時間をつくっていただけたらと思います。

第7章

会うと、あなたに起きること

さあ、いよいよ最終章です。テーマは、「会うことを続けていくとあなた自身に何が起きるか」。僕の経験や、僕の周りで会う力を活用し続けている方に共通することを九つ挙げました。ワクワクする未来を想像しながら読み進めてみてください。

人間として成長できる

あなたがたった一人、どなたかに会おうと心に描き、実際に会うにいたるまでには、長きにわたり非常に多くのことに想いを馳せることが必要になってきます。その過程では、知らず知らずのうちに自分の価値観や経験から「こうすればお相手は喜ぶに違いない」と決めつけてしまったり、「これほどまでにあなたのことを思っているんです」とアピールしたくなったりするなど、自分のエゴやいたらない点と向き合わざるを得ないことも少なからずあるでしょう。

こう書くと、会うことの重みを感じる方もいらっしゃるかもしれません。逆にいえば、最初の一人にお目にかかれた方は、人間として成長するためのハードルをひとつ越えたという証に他なりません。これまでにないほど、出会う方への感謝の念や、周囲への思いやりが自然と湧いてくるご自身に気付くはずです。その後もおひとりまたおひとりとお目にかかる日々を1年、3年、5年と続けたら……きっと大きな成長が待っているはずです。

そうした意味で、運や人任せではなく主体的に誰かに会い続けることは、「人格を磨く旅」であると僕は思っています。

自分の中のメンタルブロックが外れる

あなたは今、序章でリストアップした「会いたい人」に会えるとどれだけ信じられているでしょうか。まだ信じ切れない方もいるかもしれません。

しかし、人間は習慣の生き物とはよく言ったもの。ひとたび「会えた経験」をすると、自分の中にある「会えるわけがない」というメンタルブロックが音を立てて崩れ去り、「どなたであれ、会うチャンスはある」というメンタルに上書きされます。

こうなるとおもしろいもので、本、雑誌、ラジオ、テレビ、SNS、YouTube、ポッドキャスト……これまで「受け手」として楽しんできたメディアから、ご家族やご友人、会社の同僚との何気ない会話にいたるまで、ひとつひとつが「人生を変える出会いの宝庫」に見えてきます。なぜなら、そのメディアの「送り手」や日常会話に出てきた「どなたか」の存在がぐっと身近に感じられるようになるからです。

個人的にそれを最も感じられるのが書店です。入口の前に立ったときに覚える「今日はどなた（著者）と知り合えるだろう」という期待感。そして気になる本を見つけたときの「○○について詳しくうかがってみたい。さあ、どうすればお目にかかれるだろうか」というワクワク感。あなたにもぜひこの「見える世界の変化」を実感していただきたいと願っています。

僕はトークショーや公開収録でもこうした話をときおりします。そして、すぐに会うことを始めた方は、それまでとは別人のようにアクティブになったり、自信を付けていったりして、いつも驚かされます。

そうした姿を見ていて感じるのは、彼らが必ずしも初めから行動力に溢れていたわけではないということ。むしろ恐れや不安がありながらも、まず一人に会うという壁を越えることで大きなメンタルブロックを外したのです。その後も会うことを繰り返す中で少しずつ、しかし確実に自信を付けていったように見えます。いつしか周囲から見ると圧倒的な行動力やチャレンジャー精神があると言われるようになっていた——というのが多くの方の実感だと思います。

どんどん色々な人に会えるようになる

これはふたつの意味で言えることです。ひとつ目は前項でお伝えした通り、人はひとたびこの人と定めて主体的に会うことを経験すると「会えるわけがない」という固定観念が外れ、「会えるかもしれない」と思えるようになること。さらに経験を積んでいくと「会える可能性は十二分にある」というメンタリティにまで変わっていきます。

もうひとつの意味。それは、一人に会えると一気にネットワークが広がっていくということです。トップランナーや達人と呼ばれる方同士は、想像以上に交流し、刺激を受け合っているように思います。また、積極果敢に何かに挑戦する人を応援しようと思ってくださる方が多いように感じます。

たとえば本書に何度もご登場いただいたコシノジュンコさん。ご縁をいただいたのは、髙田賢三さんへのインタビューがきっかけでした。アトリエがあるパリの自宅での取材終了後、僕やロンドンから駆けつけてくれた撮影スタッフをねぎらうようにシャンパンをふるまってくださいました。そして「わざわざフランスまで来てくださりありがとうございます。自分に何かできることはありませんか」と賢三さん。あまりに謙虚で優しい彼に感動と感謝の念を覚えつつ、僕は僭越ながら「賢三さんの周りに、インタビューしたら面白いのではないかという方はいらっしゃいますか」とご相談させていただきました。

すると、ひと呼吸おいて「それならジュンコがいいんじゃないかな。よろしければ紹介しますよ」とひとこと。え？　ジュンコさんって、まさか……。賢三さんがコシノジュンコさんと親友ということは知っていましたが、さすがに初対面で紹介していただけるとは思ってもいませんでした。目を白黒させる僕をよそに、賢三さんは「頑張ってくださいね」とやさしく微笑《ほほえ》んでくださいました。

帰国後実現したコシノジュンコさんのインタビュー。賢三さんが僕にしてくださったのと同様、丁重にやさしく対応していただき、たちまち心を奪われてしまったことを覚えています。

そしてインタビュー終了後「あなた起業しているの？　えらいわね。わたし頑張っている人を応援するのが大好きなの。だからどんなことでも相談しなさい。できることは何でもしてあげるから。お金を出すこと以外ならね（笑）」。そう言って初対面で携帯番号まで教えてくださったジュンコさん。ずっとお目にかかりたかったイラストレーターの宇野亞喜良さんをご紹介くださったばかりか、その後も今日にいたるまで、さまざまなご縁をいただき続けています。

長きにわたり一線に立ち続ける方は、相手が誰であれ、ひとつひとつの出会いを本当に大切にされています。

すべての出会いを一度きりだと思い、心を尽くすこと。逆説的ですが、それがお相手とのご縁を一度きりで終わらせないことになるのではないでしょうか。そしてその姿勢を貫き続けていくことが、思ってもいなかった次の出会いを呼び、結果的に人生を拓くことにつながると僕は信じています。「千里の道も一歩から」という言葉があるように、すべてはお一人に会うことから始まります。

どこでも、誰にでも臆せず想いを伝えられるようになる

この原稿を書いている今、久々に自分のポッドキャスト番組のバックナンバーを聴いています。初回は本当にひどいレベルです。用意してきた質問メモを上からただ順番に聞いていくだけ。しかも極度な緊張もあって異常に早口です。極めつきはゲストの丁寧な返答に対して「そうなんですね」と淡泊なあいづち。お相手から逆に質問されると、動揺して浅はかな受け答えしかできていません。まるで対話とはいえないこのインタビューに、お相手とリスナーの方に対して、今では申し訳なさ

と恥ずかしさでいっぱいです。

そんな僕でも、番組が30回を過ぎたあたりから質問メモは参考程度で、目の前にいる方に集中できるようになってきます。50回を超える頃には、お相手の発言に対して自分が感じたことやさらに深掘りしたいことも、臆せず伝えられるようになっているのが聴いていてよく分かります。自分事ながらこの変化には驚きを禁じ得ませんが、お相手がどんなに高名な方であっても「同じ人間なんだ」ということが知らず知らずのうちに自分に定着していったのかもしれません。

想像してみてください。もし「会いたい」と熱望していた方々と新たに出会い、毎月のように直接1対1で対話する状況になったら。そんな日々が1年、2年、3年と続いたら。程度やスピードに個人差はあれど、必ず自分の変化に気付くはずです。会うことを始めた直後と経験を積んだあとでは、自分の想いや考えを臆せずに伝えられる度合いには、天と地ほどの差があることでしょう。そして自分でも信じられないほど度胸がついているはずです。

こうして培われたメンタリティと自信は、会議や講演など大勢の前で話さなければばならない時や大事なプレゼンの時などにも必ずや生きてくると思います。

インスピレーションが湧きやすくなる

プライベートであれ仕事であれ、いつも同じ時間に同じ場所で同じ人たちと同じことをして過ごしていると、どうしても予定調和な毎日になってしまいがちです。だからこそ得られる安心感や安定感はもちろんあります。しかし、そのルーティン化された毎日からは、よほど意識しておかないと、なかなか新たな発想やアップデートは生まれにくいという面もあるのではないでしょうか。

そこで「会う」です。とにかく「お決まり」の世界の外にいるどなたかに会ってみること。これぞというお相手が思い浮かばなければ、久しく会っていないご友人でも良いですし、同じ趣味を持つ人たちが集うコミュニティや学生時代に汗を流したスポーツのサークルを探して足を運ぶのも良いでしょう。無理のない範囲で構いません。予定調和の毎日を壊し、誰かと対話してみることです。

こうした機会を日常に少しずつ取り入れていくことで、確実に思考や発想は変わっていきます。そしてある日、今までの自分では思いもよらないような考えやアイデアが湧き出してくることに、あなたは驚くはずです。

自分の思考や発想は、環境によるところが大きいもの。だからその環境そのもの（ここでいえば付き合う人）をアップデートすることで、自ずと自身の思考や発想もアップデートされていく——僕はそう思うのです。

かつて「アイデアがシャワーのように湧いてくる」というフレーズを聞くたび、僕は天才だけの特権だとやさぐれていたものです。ですが今は、日々あふれ出てくるインスピレーションの中から本当に必要なものをいかに選び出すか悩めるようになりました。スマートフォンやネットに触れる時間を減らし、どれだけ予定調和の外にいる誰かと対話できるか。この積み重ねがあなたをインスピレーションあふれる人間に変えていくと僕は信じています。

貴重な一次情報が入ってくる

かつて、加工されていない生の情報（一次情報）に触れられたのは、一部の特権階級やメディアの人間、もしくは彼らと太いパイプがある人だけでした。

しかし今は違います。あなたが「会う力」を身につけていれば、一次情報の発信元となっているご本人に直接会って、お話をうかがうことができます。

僕自身、東日本大震災直後の原発報道で、何が真実かわからなかったため、当時メディアに引っぱりだこだった工学者の小出裕章さん（当時京都大学原子炉実験所助教）に直接アポイントをとって、「首都圏を離れるべきか」うかがい、自分の番組で配信したことがあります。「世の中の多くの人たち（特に小さなお子さんがいる方々）が真実を知りたいはず」と思ったからです。

小出さんの答えはこうでした。

「残念ながら（首都圏は）『絶対に安全』とはいえません。ただ、避難や移住を軽々しく勧めることは私にはできません。なぜなら、今度はそれによって家族が離散したり、生活が崩壊したりしてしまうリスクがあるからです。被曝はどんなに微量でも危険です。いかなる意味でも『大丈夫』『安全』は存在しません。あるとすれば、被曝をどこまで『我慢』し、『受け入れる』かという個々の判断だけです」

彼の言葉を受けて、僕は迷いに迷いましたが、ライフスタイルを変えて当時住んでいた首都圏を離れました。二次情報、三次情報に触れるだけの日々だったらきっと、この決断はできなかったと思います。

自分が何者かを知ることができる

誰かと向き合い対話することは、実は己と向き合い対話することにほかならないと僕は思います。日常の些細なできごと、話題のニュース、流行りのテレビ番組や音楽、ベストセラーの本……どんなものでも構いません。日頃何気なく触れているトピックについて誰かと話してみる。すると、話せば話すほどお相手に共感できる部分と、自分はちょっと違うかなという部分が出てくることはないでしょうか。その「ちょっと違う」部分が自分の感性・思想・興味・関心です。これらひとつひとつにフォーカスしてみると、たとえば「現代アートは食わず嫌いだったけれど、実は面白いかもしれない」とか、反対に「美術館巡りはずっと大好きなことだと思っていたけれど、周囲にセンスがよいと言われたいがための『よそ行きの趣味』だったのかもしれない」など、「自分が知らなかった自分」がいたりします。もちろん、誰とも会わず徹底的に自分と向き合うことでしか気づけないこともあるでしょう。しかし、相手との対話からしか掘り出せない自分も間違いなくそこにいるはずです。

これは、身体的なことにもあてはまると僕は思います。自分の口癖や身振り手振りのクセ、話すスピード……誰かから指摘されて初めて気付いたことがあなたにもひとつやふたつはないでしょうか。自分のことは想像以上にわからないものです。

インタビューを生業にしていると、散々自身と向き合ってきたであろう各界のトップランナーやプロフェッショナルと呼ばれる方たちでさえ、対話を通して初めて「自分の思いもよらない考えに驚いた」「忘れていた大切なことを思い出した」「本当は自分がどうしたいのか気づけた」と仰ることが数多くあります。ありがたいことに、彼らの多くが感謝してくださいますが、僕は、対話を通して対峙したお相手を「鏡」のように映し出しているだけです。

会うことやインタビューは、対話を通して内観できる非常にユニークなコミュニケーションなのだ——最近僕はそんなことを考えています。

センスや能力が磨かれる

かつて東京にあったアパート「トキワ荘」をご存じでしょうか。手塚治虫や赤塚不二夫、藤子不二雄ら著名なマンガ家が住んでいたことで知られる伝説的なアパートです。そんなトキワ荘から、なぜこれほどまでに数多くのマンガ家が輩出したのでしょうか。

僕にはこれはまさに「環境が人をつくる」ことのあらわれだと思えてならないのです。もちろん彼らに類い稀なる才能があったのは言うまでもありません。しかし、志を持つ仲間と住まいをともにし、語り合っていくことが、お互いのセンスや能力を磨き、成長と成功のスピードを速めたことは想像に難くありません。

「これぞと定めた方に主体的に会い続ける」ことも、これに通ずるものがあると考えます。お相手の生き方、考え方、仕事のしかた、大切にしていること、お金の使い方、時間の使い方、コミュニケーションのはかりかた、服装、食べ物、話し方……そのすべてをシャワーのように浴び続けることは、自分そのものを大きく変える可能性を秘めていると思うのです。

これは僕自身が数多くの「苦手」を克服した経験からも自信を持って言えます。

たとえば書くこと。元新聞記者なのに？　と驚かれる方もいるかもしれませんが、僕が新聞社で働いていたのはわずか1年あまり。その後の会社員ライターのキャリアも2年半に過ぎません。何より僕が大好きなのは「インタビュー」で、書くのは学生時代から本当に苦手でした。

しかしそんな僕でも、吉本ばななさんや多和田葉子さんのように世界で活躍する作家の方にお目にかかり続けていると、不遜にも「自分にも書けるかもしれない」という気になってきます。そうなればしめたもので、この「勘違い」を有効活用して、とにもかくにも書き続けていくと、何とか書けてしまう。そればかりか、時にはちょっと楽しい……と感じる瞬間まで出てきます。

かくいう本書も、石田衣良さんに「はじめの1冊を書き切れば後は少しずつ楽になっていくから」と毎月のように声をかけてもらっているうちに、「あれ、もしかすると……」と勘違いしたことで書き上げることができました。

話すことも同じです。僕は昔からあれやこれや「人の話を聞く」のは大好きでしたが、反対に自分が話すのはまるでダメでした。しかし、国内外を行脚する著名な講演家の方から直に「僕も最初は全然ダメだったんだよ」という体験談を聞いていると、あんなトークの達人でも最初は話せなかったんだ、と思えるようになってくる。すると不思議なもので、少しずつ僕自身も人前で話せるようになってきます。気付けば今では、トークライブのMCをやったり、講演会のスピーカーをしたりしているのだから自分でも驚くばかりです。

これらは僕が経験したほんの一部に過ぎません。どんな才能が開発されるか。どんなセンスが磨かれるか。どんな苦手分野が克服できるか。これはもうあなたとあなたが出会うお相手との組み合わせの数だけ無限大にあります。これぞと定めた方と会い続けることで、ご自身とご自身の人生にどんな化学変化が起こるのか。どうかお楽しみに。

さまざまな知恵が血肉となる

いかに「会う力」を磨き、どれだけ主体的にお目にかかる日々を送り続けていたとしても、日々の生活においてネガティブな感情がゼロになることはありません。もちろん僕自身も何かに不安になったり、落ち込んだりすることはあります。しかし以前よりも、その度合いが小さくなったり、引きずったりする期間が明らかに短くなったのもまた事実です。

なぜでしょうか——それはこれまでお目にかかった方から授かってきたさまざまな知恵が、知らず知らずのうちに自分の血となり肉となっていたからではないかと僕は思うのです。しかもその知恵は、双方向の対話から直に学んだこの世にふたつとないもの。序章でお伝えした自分仕様の「人生の教科書」にほかなりません。ですから簡単に揺らいだり、失われたりすることはありません。本当に心強い存在です。

トラブルや困難に見舞われた際、僕はできるだけ静かな場所に身を置き、これまで出会った方の中から「この状況を最も的確に乗り越えられる方は誰だろう」と自問し、頭に浮かんだ方のお名前を紙に書き出します。すると、瞬く間にお相手との対話がよみがえり、さらにじっくりと待っていると、不思議なことに問題解決に最適解と思えるようなアドバイスやアイデアが「降りてくる」ことが珍しくありません。「自問」と「書き出す」という行為を通じて、お相手からの学びが刻まれた「人生の教科書」にアクセスできるからではないかと僕は思うのです。

もちろん、電話1本ですぐに教えを乞えるその道のプロフェッショナルが周囲にいるのなら、それに越したことはありません。しかし、そうした関係性は一朝一夕に、そして大量に築けるものではないですよね。

その点、自分仕様の「人生の教科書」はだれに気兼ねすることなく、いつでも、どこでも、何度でも活用することができます。ページ数や内容の制限もありません。ぜひ、会い続けるなかで「人生の教科書」にアクセスし、アップデートをし続けてください。今だけでなく、未来を拓くあなたの心強い伴走者になってくれるはずです。

さあ、準備はととのいました。僕が人と会う前、会った時、会った後にすること、そして経験してきたことはこれですべてです。ここから先の旅路は、「会いたい人リスト」とともに、あなた自身が自在に描いてください。

旅先で迷うことがあっても大丈夫。この本を開けば、ご自身が今、どこにいて何をすればいいのかを示すコンパス代わりになるはずです。どうか安心して人生を更新する人と世界に出会う旅へ出かけてください。

あなたがいま、心から会いたいのは誰ですか？

すべては、たった一人に会うことから始まります。

つい10年ほど前まで、僕は飛行機恐怖症でした。それがいまでは「この人に会いたい」と思ったら、世界のどこであれ飛んで行く日々を送るようになっているのだから、人生とはわからないものです。最近では、スペイン語の学習も始めました。英語もまだ流暢とはいえないレベルなのに。過去の自分にこの事実を伝えたら、どう思うでしょうか。きっと信じられない、そんなはずはない、と笑うような気がします。

僕はかつて、飛行機は「落ちるもの」と信じて疑わない人間でした。どんなに安全性を説かれても、乱気流に遭うたび心臓が飛び出しそうになり、手は嫌な汗でびっしょり。だから、フライトを伴う旅や仕事をできる限り避けてきました。それでもあるとき、「このままでは終わりたくない」と覚悟を決めて、僕は「主体的」に空を飛びました。その先に待っていたのは、初めて見る世界の壮大さ、そして、飛行機に対する恐怖心の大半は、自らつくりだしていた幻想にすぎなかったという気づきでした。

「会う」という行為も、これと似ていると思います。誰かに会う前、特にそれがあこがれの人や初対面のお相手だと、緊張や不安はつきものです。何を話せばいいのだろう、失礼にならないだろうか、自分に価値があると感じてもらえるだろうか……。その気持ち、本当によくわかります。

でも、いざお目にかかってみると、どうでしょう。多くの場合、不安は杞憂に終わります。むしろ、会話の中で新しい視点やアイデアが得られたり、自分自身の可能性が広がったりします。そして、何よりも「会う」という行為そのものが、僕たちにエネルギーを与えてくれます。

大切なのは、最初の一歩を踏み出すこと。その一歩が怖くても、手が震えていても構いません。恐れを抱えたままでも、「会いに行く」ことで得られるものは、きっとその不安を超える価値を持っているはずです。

この本で、あなたの背中をそっと押せたら、これ以上の喜びはありません。「会う」という扉を開いたあなたの人生がより豊かで彩りに満ちたものになることを、心から願っています。そして、会いたい人に会う旅路のいつかどこかであなたとお目にかかれる日を楽しみにしています。

最後になりましたが、3年間にわたり辛抱強く支えてくださった担当編集者で新潮社ノンフィクション編集部の島崎恵さん、同編集長の堀口晴正さん、そして、これまでの人生で出会う機会をいただいたすべての方々に感謝を申し上げます。

２０２５年１月

早川洋平

〔本書の感想をお寄せください〕

早川洋平 Yohei Hayakawa

1980年、横浜生まれ。中国新聞記者等を経て2008年起業。

羽生結弦、吉本ばなな、髙田賢三、ケヴィン・ケリーら各界のトップランナーから市井の人々まで国内外分野を超えてインタビューを続ける。

13年からは戦争体験者の肉声を発信するプロジェクト『戦争の記憶』にも取り組む。

『We are Netflix Podcast@Tokyo』『横浜美術館「ラジオ美術館」』『石田衣良「大人の放課後ラジオ」』等メディアプロデュースも多数。

インタビューメディア『LIFE UPDATE』配信中。

会《あ》う力《ちから》 シンプルにして最強《さいきょう》の「アポ」の教科書《きょうかしょ》

著者 早川洋平《はやかわようへい》
発行 2025年3月15日

発行者 佐藤隆信
発行所 株式会社新潮社
〒162-8711 東京都新宿区矢来町71
電話：編集部 03-3266-5611
　　　読者係 03-3266-5111
https://www.shinchosha.co.jp

装幀 新潮社装幀室
印刷所 株式会社三秀舎
製本所 加藤製本株式会社

乱丁・落丁本は、ご面倒ですが小社読者係宛お送り下さい。

送料小社負担にてお取替えいたします。

ISBN978-4-10-356191-0 C0030
価格はカバーに表示してあります。